昭和天皇の戦争認識

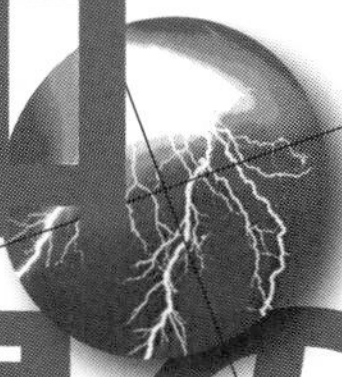

『拝謁記』を中心に

山田朗
Yamada Akira

新日本出版社

まえがき

記憶を継承して歴史から何を汲み取るのか

「明治」「大正」「昭和」「平成」「令和」といった元号で時代を区分することは、天皇の代替わりごとに時代がリセットされるという一種の錯覚を生み出す。しかし、明治以降の戦争と植民地支配が生み出したものが、戦後になっても、「平成」になっても、「令和」になってもリセットされたわけではない。明治維新（一八六八年〈明治元年〉）から敗戦（一九四五〈昭和二〇〉年）までの戦前、その後を戦後とするならば、二〇二二年に戦前と戦後は七七年で同じ長さになった。それを機会に二〇二三年からは、再び「戦前」へとリセットされるということがあってはならないだろう。

かつての戦争から長い時間が経過したとしても、大切なのは戦前の記憶を継承しつつ、そこから何を汲み取り、学ぶか、そしてそれを現在と未来にどのように生かしていくかということである。天皇制のあり方が変容したとは言っても、戦争に果たした天皇制と天皇自身の役割と戦争責任といった問題が忘れられてはならないと思う。なぜなら、こういった問題が忘却されるということは、日本の戦争、戦争責任という大きな問題の、極めて重要なピースを、あえて見ないで済まそうとすることだからだ。

本書の目的と構成

本書は、日本が行なった戦争への昭和天皇の関わりとその戦争責任を解明する作業の一環として、天皇自身が戦争について、戦前の日本についてどのような認識を持っていたのかを明らかにするとともに、戦前・戦後の支配のシステムとしての天皇制のあり方、戦争の時代の記憶の継承のあり方（継承した記憶から何を汲み取るのか）について考察することを目的としている。

掲載した文章は、二〇二〇年以降に個別に発表した雑誌論文や共著に収めた論文をテーマにそって整理し、加筆修正を加えたものである。初出時の書式や文体はさまざまであるが、本書にまとめるにあたって、注番号を付して論文末に出典注をまとめる形式に統一した。加えて参考文献を併示した部分もある。

本書は、まず全体のイントロダクションとして、序章「日本の戦争をどう捉え、伝えるか――アジア太平洋戦争の開戦原因と戦争責任」において戦前期の時代背景と開戦にいたる因果関係を概観している。

第一部《『拝謁記《はいえつき》』から見る昭和天皇の戦争認識》においては、昭和天皇と初代宮内庁長官・田島《たじま》道治《みちじ》とのやりとり（一九四九年二月～一九五三年一二月）を詳細に記録した『昭和天皇拝謁記』の内容を第一章から第四章で分析し、戦後における昭和天皇の時局認識に触れながら、天皇の戦争認識がいかなるものであったのかを明らかにしている。

第二部《支配システムとしての近現代天皇制》では、第五章「近代天皇制による戦争と抑圧」と第六章「象徴天皇制における『心の支配』」において、戦前・戦後の天皇制それぞれの特徴を確認した上で、システムとしての天皇制の断絶と連続について検討し、未完成なシステムとしての戦後天皇制について論じた。

第三部《歴史から何を汲み取るか》では、第七章「戦争の記憶をどのように継承するか――〈表の記憶〉と〈裏の記憶〉」において継承すべき戦争の記憶の分類となぜ継承が必要なのかを論じ、第八章「歴史から何を汲み取るか――司馬遼太郎の場合」では、戦争・植民地支配・言論抑圧の構造的一体性について考察している。

天皇と戦争・戦争責任について考えるために

本書を読み進めていくと、昭和天皇が戦争にどのように関わったのか、日本軍の総司令官＝大元帥《だいげんすい》としての天皇の軍務はどのようなものであったのか、天皇のもとに情報は届いていたのか、届いていたとすればその量と質はなど、さまざまな疑問が出てくるだろう。これらの問題については、拙著『大元帥・昭和天皇』（新日本出版社、一九九四年。ちくま学芸文庫、二〇二〇年）か『日本の戦争Ⅲ 天皇と戦争責任』（新日本出版社、二〇一九年）をご覧いただきたい。図書館が利用できるのであれば、拙著『昭和天皇の軍事思想と戦略』（校倉書房、二〇〇二年）が最も具体的だと思う。

本書で資料として多く引用した古川隆久・茶谷誠一・冨永望・瀬畑源・河西秀哉・舟橋正真編『昭和天皇拝謁記　初代宮内庁長官田島道治の記録』全七巻（岩波書店、二〇二一〜二〇二三年）については、この刊行本をご覧いただくしかないが、NHK NEWS WEB「昭和天皇『拝謁記』―戦争への悔恨―」でも部分的には読むことができる。

また、本書では、昭和天皇の公式伝記である『昭和天皇実録』全一八巻＋人名索引・年譜（東京書籍、二〇一五〜二〇一九年）に言及する箇所も多い。『昭和天皇実録』の特徴と問題点については、古川隆久・森暢平・茶谷誠一編『「昭和天皇実録」講義』（吉川弘文館、二〇一五年）がコンパクトかつ諸問題に目配りがきいていて有益である。『実録』の戦争関係記述の問題点については、拙著『昭和天皇の戦争：「昭和天皇実録」に残されたこと・消されたこと』（岩波書店、二〇一七年）をご覧いただきたい。

なお、象徴天皇制の成立過程については、茶谷誠一『象徴天皇制の成立：昭和天皇と宮中の「葛藤」』（NHK出版、二〇一七年）、河西秀哉『近代天皇制から象徴天皇制へ：「象徴」への道程』（吉田書店、二〇一八年）、天皇退位論については、冨永望『昭和天皇退位論のゆくえ』（吉川弘文館、二〇一四年)、昭和天皇と皇族・皇弟《こうてい》たちとの関係については、小田部雄次『大元帥と皇族軍人』明治編、大正・昭和編(吉川弘文館、二〇一六年)などの著作があるので、参考にしていただきたい。

＊　＊　＊

本書が、戦争と植民地支配の記憶の掘り起こしと継承、日本国憲法第九条の理念の発展をめざす多くの人びと、平和と民主主義のために、差別と格差といった構造的暴力のない社会を構築するために、日々苦闘し、行動している多くの人びとに、少しでも助けになることを提供できれば幸いである。

二〇二三年七月七日(日中全面戦争の始まりから八六年目にあたって)

山田　朗

昭和天皇の戦争認識：『拝謁記』を中心に

＊

目次

序章　日本の戦争をどう捉え、伝えるか

――アジア太平洋戦争の開戦原因と戦争責任――

ここでは、本書のイントロダクションとして日本がアジア太平洋戦争に突入した原因と開戦に至った責任について論じる。原因の究明については、開戦からさかのぼって諸事件の因果関係を見ていく方法をとり、責任については、国家の重大な選択に誰がどのように関わったのかという点に注目することにする。

なお、原因については、戦争は政治の延長（別の手段をもってする政治）との観点から、国家指導者による国家戦略の選択の因果関係から論ずることにするが、国家戦略の選択には、国際的な経済環境や国内世論の動向などが大きな影響を与えていたことは言うまでもない。また、責任については、特に国家戦略の決定に関わった指導者（政府・軍部）に重点を置くことにして、広く国民全体に責任を拡散させることはしない。

1　開戦の原因――国家戦略の因果関係

ＡＢＣＤ包囲網を生んだ七月二日御前会議

一九四一年一二月八日に始まる戦争について天皇が発した「開戦の詔書」は、「自存自衛の為」としている。なぜ「自存自衛」が必要なのかと言えば、米英など諸国が日本を軍事的に圧迫するとともに「経済断交を敢てし、帝国の生存に重大なる脅威」を与えていると認識されたからだ。ここで言う「経済断交」とは同年八月一日に米国が発表した対日石油輸出の全面禁止を中心とする一連の経済制裁措置のことを指す。米（America）に英（Britain）・中（China）・蘭（Dutch）が同調し、いわゆる「ＡＢＣＤ包囲網」が形成された。こうした経済制裁によって日本は待てば待つほど備蓄資源が枯渇し（ジリ貧になる）、米国軍備も強大になって不利になるから、立ち上がらざるをえなかった、と言うのである。ここまでならば、日本はＡＢＣＤ包囲網に圧迫されてやむに止まれず開戦に踏み切ったということになる。

しかし、米側の経済制裁は何故行なわれたのか。それは、日本側が前月の「七月二日御前会議決定」（日中戦争の継続、東南アジアへの南進を進めるためには対英米戦を辞せず、独ソ戦争でドイツが優勢ならば対ソ戦も実行）に基づいて、同月二八日に南部仏印《ふついん》（仏領インドシナ、現ベトナム南部・カンボジア）への武力進駐を断行したからである。ベトナム南部まで日本軍が進出（航空基地の推進）したことで、日本軍はマレー半島・シンガポール方面を空襲圏内におさめた。英米陣営はこれを大きな軍事的脅威と捉え、日本軍のこれ以上の武力南進を食い止めるためにも石油の全面禁輸へと進んだのである。当時は、日本国内の主たるエネルギー源は石炭と水力発電であり、石油の最大の消費者は軍隊であった。それゆえ、石油を止めるということは日本軍の行動を止めるという意味であった。

仏印進駐と日独伊三国同盟

それでは日本軍の南部仏印進駐は何故可能だったのか。それは、日本が一九四〇年九月二三日にすでに北部仏印（現ベトナム北部）に進駐していたからである。フランス領に日本軍が進駐できたのは、同年六月にドイツ軍がフランスを電撃戦によって破り、仏印は頼るべき本国が力を失い、日本の要求を拒否できなくなったからである。

しかも、北部仏印進駐の直後、九月二七日には日独伊三国同盟が締結されたため、対独協力のビシー政権の監督下にある仏印当局（フランスの総督府）は日本にまったく抵抗できなくなってしまった。

また、日本が三国同盟を結んだのは、すでに第二次世界大戦においてイギリス以外のヨーロッパの主要国を支配下におさめていたドイツと結ぶことで米英陣営に圧力がかけられると目論んだからである。日本の武力南進と三国同盟の締結は、すでにヨーロッパでドイツと戦争していた英国とそれを支援する米国との対立を決定的なものにした。三国同盟が無ければ、日本はアジア太平洋戦争に突入することはなかったということである。

それでは、日本は何故、北部仏印に進駐する必要があったのか。しかも、三国同盟締結とほぼ同時期にそれを行なったのは、英米などの諸国に圧力をかけ、中国の蔣介石《しょうかいせき》政権への支援物資の流れを断つためであった。当時、蔣政権は、米・英・仏・ソ連などから「援蔣物資」(兵器・弾薬・石油など)を提供されていた。これらの諸国は、蔣政権を兵器などの重要物資で支えることで、日本の中国独占を阻止しようとしていたのである。

援蔣ルート遮断をめぐる英米陣営との対立の激化

戦略物資を重慶《じゅうけい》など蔣政権の支配地域に輸送するためのルートは「援蔣ルート」と呼ばれ、陸路では香港ルート・仏印ルート・ビルマルートなどがあった。また、海路から輸送された重要物資は、北部仏印ハイフォンを経由して中国の日本軍が占領していない沿岸地域あるいは上海(日本以外の租界:外国勢力の管理地域)に陸揚げされていた。陸路の援蔣ルートのうち香港ルートは、一九三八年一〇月に日本軍が広東を占領したことでほぼ遮断されていたが、仏印ルートとビルマルートの遮断は、その閉鎖を求めて英・仏との外交交渉が必要であった。

日本は、この外交交渉を有利にするために、英に圧力をかけようとした。そのために日本軍（華北に駐屯する北支那方面軍）は、一九三九年六月、抗日活動を封じるためと称して、天津《てんしん》の英仏租界を完全に封鎖して、人流・物流を遮断した。租界に暮らすイギリス人などの外国人をいわば人質にとった形で、援蔣ルートの閉鎖を要求したのである。日本国内でも英国を「援蔣の元凶」と批判する排英運動（集会やデモ）が高揚した。この強硬な日本側の圧力に対して英国はついに日本側に譲歩するかに見えた。

ところが、英国が日本に譲歩しようとしたそのタイミングで、米国は、日米通商航海条約の廃棄を日本側に通告（七月二六日）、英を支援する姿勢を示したのである。同条約は、日米間の自由貿易を保障したもので、この失効が直ちに日米間の貿易の途絶を意味するものではなかったが、条約が失効すると米国側は日本に対する貿易の規制を実施することが可能になる。言わば経済制裁の予告を行なったのである。実際にこの後、米国は日本に対する航空機用ガソリンや屑鉄などの輸出制限を実施する。ここから日中戦争打開のための日本の強引な政策と米国の経済制裁の「悪循環」が始まるのである。

英米陣営の中国支援を決定的にした「東亜新秩序声明」

そもそも英米陣営が中国支援の姿勢を強めたのは、一九三八年一一月三日に日本政府が「東亜新秩序声明」（第二次近衛声明）を出したためである。この声明で日本政府は、日中戦争の目的を「東亜新秩序」の建設にあるとした。これは、同年一月一六日の「爾後《じご》国民政府を対手《あいて》とせず」とした第一次近衛声明を事実上撤回し、対手としないはずの国民政府の汪兆銘《おうちょうめい》（精衛《せいえい》）派と提携するためのものであった。「東亜新秩序」建設に協力するのであれば、国民政府（の一部）とも手を結ぶとしたのである。

だが、いわば後付けで表明した戦争目的である「東亜新秩序」の建設という表現が、当時ドイツやイタリアが表明していた「欧州新秩序」と同様の既成秩序の破壊を意味するものと受け取られ、英米陣営から九カ国条約（一九二二年に締結された、日本を含めた、中国における列国の権益の現状維持を定めた条約）違反であると、非常に大きな反発を受けたのである。英米陣営は、蔣政権への軍事援助を強めるとともに、財政的に困難に直面していた同政権に対して借款を設定するなどして、日本と戦う中国を徹底的に支えようとした。日中戦争は、日本と対英米陣営との戦争の構造に変化したのである。

日中戦争泥沼化の元凶「対手とせず声明」

それでは、「東亜新秩序声明」は何故に出されたのか。なぜ、日本政府は、日中戦争が始まって一年四カ月もたってからこの戦争の目的を後付けして発表しなければならなかったのか。それは、前述したように「爾後国民政府を対手とせず」とした政府声明で、外交交渉の相手としての国民政府（蔣政権）の存在を否定していたのを、日本に協力する新政権を育成する、としてしまったためである。そのため日本は、交渉によって戦争を収拾することができなくなり、ひたすら軍事作戦の拡大によって決着をつけようとした。そのため、一九三八年には徐州作戦・武漢作戦・広東作戦などの大規模作戦が強行されたが、それでも蔣政権は奥地への後退戦略（誘い込み戦略）をとり、日本側は蔣政権を打倒することができなかった。それ故、今度は国民政府のナンバー2である汪兆銘を日本側に取り込むことで蔣政権の分裂・弱体化を図る謀略に出たのである。つまり、「対手とせず声明」こそ、日中戦争を泥沼化させた元凶なのである。

日中戦争・三国同盟が生み出したアジア太平洋戦争

このような手詰まりを生む「対手とせず声明」を何故に日本側は出したのか。それは、一九三七年一二月一三日の南京陥落によって、日本政府と軍部は、戦争の勝利と蔣政権の没落を確信したからである。日本政府と軍部は、国共合作（国民党と共産党の協力）を基礎とした中国軍民の抗戦意識の高さと中国大陸で日本軍が軍事行動を拡大することへの諸外国の反発（これが蔣政権支援へとつながる）といった要素を完全に読み間違えていた。

なぜこのような誤判断がなされたのか。それは、満州事変と「満洲国」の成立（蔣政権は強く押せば引っ込むという教訓）を「成功事例」ととらえ、華北を第二の「満洲国」にしようという「華北分離工作」（華北五省を蔣政権の影響下から分離するための工作）を推進した。その最中に盧溝橋《ろこうきょう》事件（一九三七年七月七日）が勃発し、この衝突を利用して強く押せば蔣政権は引っ込み、華北分離が実現すると政府・軍部の多くの指導者が考えたからである。

以上、アジア太平洋戦争開戦に至った原因を日本の国家戦略の因果関係からみてきた。様々な副次的要因もあるが、大きな流れとして日中戦争と三国同盟がアジア太平洋戦争につながったことは明らかである。さらに言えば、満州事変と「満洲国」成立が、華北分離工作を生んだことは確かであるから、一九三一年九月一八日〈柳条湖事件〉勃発の満州事変がアジア太平洋戦争を引き起こした重要な要因であったとも言えるだろう。

2　開戦の責任——因果関係論から探る戦争責任論

因果関係論からアジア太平洋戦争の開戦責任を検討すると、開戦に踏み切った東条英機《ひでき》内閣とその当時の統帥《とうすい》部の責任もさることながら、北部仏印進駐・日独伊三国同盟締結・七月二日の御前会議決定と南部仏印進駐を行なった第二次近衛文麿《ふみまろ》内閣の責任が決定的に重いことがわかる。また、日中戦争の開始は第一次近衛文麿内閣の時であるが、政府が華北分離政策を国策として決定したのは、一年ほど前の岡田啓介内閣の一九三六年一月のことである。

とすると、岡田内閣以降の政府の指導者層に大きな責任があるということになるが、当時の政府は、「統帥権の独立」の壁によって軍部を抑制することができなかったので、岡田内閣以降の時期の陸海軍の幹部には、華北分離工作の推進と日中戦争の拡大、戦争の見通しの誤りという点で非常に大きな責任が存している。この場合の幹部とは、日本の官庁の実質的な政策決定の仕組みから考えると課長（大佐）級以上の幕僚《ばくりょう》層のことである。また、これら中堅以上の軍幹部には、日中戦争の迷走を打開するために、三国同盟に帰結する軍事同盟路線の推進、英米との決定的な対立を招いた武力南進政策を推進したという点でも大きな責任がある。

日中戦争と三国同盟の推進、対英米開戦への誘導という点では、結果的にはこれらの責任者の多くは東京裁判でA級戦犯として裁かれている。しかし、東京裁判の被告選定の過程では、対英米戦争の遂行の主役となった海軍の幹部の多くと、戦争政策への反対勢力を弾圧してきた内務省関係者、そして政府と統帥部全体を統轄していた昭和天皇が除外されたことを忘れてはならないだろう。なぜなら、天皇は膨張主義戦略や戦争の傍観者でも、決定的な反対者でもなかった。膨張や戦争を否定しているのではなく、常にそのやり方のレベルで一定の懸念を表明しつつも、大元帥として要所要所で重要な決定を下していた存在である。

戦後との連続性、あるいは天皇との連携性という点で言えば、海軍勢力・内務省勢力が戦後も生き残ったという点は重要である。戦争責任論の観点からすれば、政府・統帥部による対外膨張戦略の推進に関して、国内の批判・反対勢力を治安維持法を中心とする治安立法をもって強力に弾圧してきた内務省の責任は重大である。この分野の責任論は、従来、一貫して軽視されてきた。今日においても治安維持法犠牲者に対する国家賠償を要求する運動が存在することを私たちは忘れてはならない。戦争は軍部だけで強行できるものではなく、それに多くの国民を動員するためには、国民統合の中心に天皇が存在し、宣伝・扇動・弾圧が一体となって実行されたのである。

本書のイントロダクションとして開戦原因と戦争責任について概観してきた。国家戦略の因果関係という点からすれば、やはり満州事変・日中戦争・アジア太平洋戦争の連続性を重視する「十五年戦争」論は、改めて再評価しなければならないだろう。また、東京裁判における戦争責任論の不完全性も改めて検証し、どのような勢力が責任の追及を回避して戦後における政治勢力として生き残ったのか、しっかりと確認する必要がある。

第一部　『拝謁記』から見る昭和天皇の戦争認識

第一章　昭和天皇の戦争認識（Ⅰ）

初代宮内庁長官・田島道治（一八八五〜一九六八年）の『昭和天皇拝謁記 初代宮内庁長官田島道治の記録』全七巻（以下『拝謁記』）が刊行された[1]。

この資料は、二〇一九年八月にNHKニュースやNHKスペシャルなどでも紹介され、敗戦後の昭和天皇の肉声を伝えるものとして大いに注目を集めた。田島が、宮内府（宮内省の後身、宮内庁の前身）長官に就任したのは一九四八（昭和二三）年六月五日のことであるが、『拝謁記』は四九年二月三日から始まり、五三年一二月一六日（この月まで田島は在任）までの四年一〇カ月にわたって記録されている。『拝謁記』は、田島の日常の日記ではなく（「田島道治日記」は別に存在する）[2]、天皇への拝謁時だけに特化した備忘録である。

なぜ田島が日記とは別にこうした備忘録を残したのかは、刊行本『拝謁記』第一巻の「総説」において編者代表である古川隆久氏が、「昭和天皇がさまざまな事柄について、その後どうなったかを質問する場面が多々ある。それらに的確に対応するために、記録を残し始めたと推測できる」[3]としている。確かに『拝謁記』には、天皇の発言と田島がどのように応答したのか（しなかったのか）、天皇発言の意図の推定や田島の感想なども含めて記されており、この推測は妥当であろう。

すでに『拝謁記』が報道された時にも指摘されていたことではあるが、この資料の特徴は、他の側近の日記や回想などに比べ、天皇の肉声と言えるものを、その語り口やニュアンスをも含めて忠実・詳細に記録している点にある。しかも、記録された天皇の発言は、世界情勢、マッカーサーとGHQの動向、国内情勢、政府の施策から宮内庁の業務や人事、さらには皇族・旧皇族の動向、天皇一家（皇太后・皇后・親王・内親王）の諸問題に至るまで実に多岐に及んでいる。したがって『拝謁記』は、これからの戦後天皇制・皇族・天皇研究に大きな刺激を与えることは間違いない。今後、『拝謁記』を分析対象とした研究論文や学術書、一般向けの著作が様々な分野で登場するであろう。

本章では、『拝謁記』第一巻と第二巻の途中まで、一九四九～五〇年という占領期間の激動期（ドッジラインと労働運動抑圧、レッドパージと旧来の追放者の復帰、朝鮮戦争の勃発、再軍備）に、昭和天皇が当時の社会情勢をどのように見ながら、戦前・戦中の経験を戦後に生かそうとしたのかを検証し、そこから見えてくる戦争認識・戦争責任に対する思いを明らかにしていきたい。

一　戦後における宮中改革と『拝謁記』の記録者・田島道治の役割

田島道治は、一九一〇年に東京帝国大学法科大学（現在の東京大学法学部）を卒業した後、愛知銀行（のちの東海銀行、現在の三菱ＵＦＪ銀行）に勤めた。一九二七年の金融恐慌の後、当時の日本銀行総裁・井上準之助に見込まれて、破綻した諸銀行の債務処理のために設立された昭和銀行の常務取締役となった。そして同行で実績をあげ、一九三六年には頭取となった。一九三八年以降も、日本産金振興株式会社社長、全国金融統制会理事など、統制経済下での金融関係の道を歩んだ。金融恐慌以来の金融界での整理・統合そして統制に関わる仕事が、田島の社会人としての業績の主なものである。これは、宮内省を前身とする宮内府（後の宮内庁）長官という宮廷組織のトップとしては極めて異例の経歴と言える。通常、宮内関係の要人は、外務省か内務省の出身者、あるいは宮内省生え抜きの者が当たるのがそれまでの定番であったからだ。

戦前における宮廷組織のトップ、すなわち天皇の側近とは、天皇の政治的アドバイザーとしての内大臣、軍事的アドバイザーとしての侍従武官長、日常的なアドバイザーであり侍従職を監督する侍従長（と侍従次長）、そして皇族・華族を監督し、皇室財産を管理する宮内省のトップとしての宮内大臣であった。だが、敗戦によって内大臣と侍従武官長は廃止され、宮内省の縮小によって宮内大臣は、宮内府長官さらに宮内庁長官となったが、侍従長・侍従次長は残された（それまでの御璽《ぎょじ》・国璽《こくじ》の管理などの内大臣の仕事は、侍従長に引き継がれた）。したがって、戦後における天皇の側近と言えるのは、宮内府（宮内庁）長官と同次長、侍従長・侍従次長と言ってよいだろう。

前述したような畑違いの田島が、一九四八年六月、宮内府長官に抜擢《ばってき》されたのは、当時の首相・芦田均《ひとし》による宮中改革（宮内関係組織の大幅な再編縮小）の一環であったことは確かである。戦前の宮内省は六〇〇〇人以上の職員を抱える巨大官庁であったが、戦後改革に伴う行政整理で宮内関係の職員は一五〇〇人ほどに縮減された。また、天皇家と皇族も膨大な不動産と動産を有していたが、皇室の非課税特権も廃止されて多くの動産を失い、不動産が国に移管された関係で、独自の財源を失った。そのため、皇族のうち、天皇家と三直宮家《じきみやけ》（秩父宮・高松宮・三笠宮）以外の一一宮家（五一名）は、皇籍から離脱せざるを得なかった。戦後改革は、皇室・宮内関係者にとっては、組織・人員・財源の未曽有の縮小であり、この大きな変更は、巨大組織に慣れ親しんできた旧来の宮内関係者では実現不可能であると判断されたのであろう。政府（芦田内閣）は、そうした改革の推進のために天皇側近の入れ替えを行なったのである。

田島が松平慶民《よしたみ》（松平春嶽《しゅんがく》の三男、生粋の宮内官僚）の後任として宮内府長官に充てられたのと同時に、侍従長も大金益次郎（内務省出身）から三谷隆信《たかのぶ》（外務省出身）へと交代となった。田島・芦田・三谷の三人は、新渡戸稲造《にとべいなぞう》門下ということで共通しており、旧制一高・東京帝大法科大学の先輩・後輩であった（田島と三谷は旧知の間柄であり、芦田と三谷は外務省での先輩・後輩の関係）。

芦田の宮中改革は、同時に新憲法下における天皇・皇室の新しいあり方を模索するもので、天皇の意識を「統治権の総攬《そうらん》者」「大元帥」から日本国と国民統合の「象徴」へと転換させようとしたものであったと考えられる。天皇の意識が変わらないと片山哲《てつ》内閣（外務大臣は芦田）当時の一九四七年七月に起こった、天皇による「沖縄メッセージ」（天皇がＧＨＱに直接、米国による長期の沖縄統治を希望する旨を伝え、結果として二重外交となった）のようなことが起きかねなかったからである。

しかし、そうは言っても、ＧＨＱの代弁者然としたような人物を宮中に送り込むことは得策ではないので、天皇と比較的価値観が重なるところのあるオールドリベラリスト（反軍国主義であり反共産主義）で、民間での整理・統合業務に実績があり改革の実行力に富むと考えられた田島が選ばれたのであろう。

二　田島道治の天皇への接し方

『拝謁記』の記述は一九四九年二月三日から始まるが、田島道治が宮内府長官に就任したのはその前年四八年六月五日のことである。その日の記録として宮内庁編修の『昭和天皇実録』（以下『実録』）

には次のようにある。

> 午前十一時、表拝謁の間《ま》に出御《しゅつぎょ》され、宮内府長官田島道治・侍従長三谷隆信の認証官任命式に臨まれる。引き続き同所において、新任の宮内府長官田島道治・侍従長三谷隆信、前任の宮内府長官松平慶民・侍従長大金益次郎の拝謁をお受けになる。それより内廷庁舎御政務室に田島長官・三谷侍従長をお召しになる。その際、側近等に御談話になった御回顧録をお貸し下げになる。[4]

昭和天皇は、就任したばかりの田島と三谷に「側近等に御談話になった御回顧録」を貸している。この「御回顧録」とは、一九四六年六月に完成した側近による聞き取り記録、いわゆる『昭和天皇独白録』（以下『独白録』）か、あるいはさらにその後も追加の聞き取りが行なわれて書き足された「聖談拝聴録」[5]と思われる。天皇は、これまでに側近に語ってきた自身の回顧録を新たに側近となる田島らに読むことをまず最初に求めたのである。

『実録』には記されていないが、田島は宮内府長官に就任した際に、天皇に対してこのように語ったと後に『拝謁記』に記している。

> 就任の挨拶にも申しましたが、「廻り道はしても一旦きめたら不退転」の田島は〔その〕覚悟で陛下と八千万人に《ママ》〔の〕国民との距離を近けることを考へて居ります等申上ぐ。[6]

国民と天皇との距離を近づけるのが自分の任務であると田島は言っている。これは単に建前・覚悟ということでなく、実際に田島は国民の声を天皇に直接届けようとした。例えば、宮内府に寄せられた一般国民からの手紙を天皇に見せたりしている。しかも、天皇に退位を求めるようなものをである。その時の天皇の反応と田島の応答はこのようなものである。

〔天皇〕七十五才の退位希望の書面は全部読んだが、腑に落ちない事がある。第一宣戦の詔〔書〕で朕《ちん》が志ならんやといつてることなど少しも読み分けてはくれないといふ様な仰せ故、〔田島〕それは陛下としてはそう御感じかも知れませぬが、あの宣戦の詔を拝承したものは日本には承詔必謹の風がありますし、朕が志ならんやは宣戦の詔にはきまり文句で、日清日露のときにもあります故、これは陛下の御真意に背いて不得已《やむをえず》出すのだとは考へませぬが普通で、田島などもその一人で御座います（ソーかと仰せあり）(7)。

この後、天皇がその手紙に対して「あれには変な矛盾した事をいつてる」と言えば、田島は普通の人はあえて天皇に書面など出さぬもので、「出す人は何れ多少エクセントリックでございます」が、「比較的心根がよいエクセントリックと思ひ、御覧を願ひました」と応え、こうした考えの国民もいることを「御承知願ひたい(8)」としている。こうした記録は、公式の伝記である『実録』には記載されていないので貴重である。

このやり取りを読むと、天皇はいささか戸惑いながらも、田島に対して気分を害しているようには感じられない。このやり取りがあったのは、田島が長官に就任して八カ月後のことであり、天皇もしばしば「長官だから話すが」といった言い方をしているので、すでに天皇と田島の間に信頼関係が築かれていたのであろう。そのため、田島は天皇から、「おたた様」（母親＝貞明《ていめい》皇后）、秩父宮雍仁《やすひと》・高松宮宣仁《のぶひと》・三笠宮崇仁《たかひと》らの兄弟、東久邇稔彦《ひがしくになるひこ》などの旧皇族に対する苦情・批判を毎日のように聞かされることになる。また、「東宮《とうぐう》ちゃん」（長男＝継宮明仁《つぐのみやあきひと》）や次男＝義宮正仁《よしのみやまさひと》の教育問題、三女＝孝宮《たかのみや》和子や四女＝順宮《よりのみや》厚子の結婚問題もしばしばやり取りの中に登場する。

もちろん天皇と田島のやり取りは、天皇家・旧皇族のことだけではない。例えば、一九四九年七月八日、マッカーサーとの第八回会見で「国内の治安問題」などが話題となった後、天皇は田島に次のように語っている。

　従来私〔天皇〕の経験では、東条〔英機、元総理大臣、元陸軍大臣〕でも誰でも当局の時局に対する情報は楽観にすぎることが多い。部下のものがわるい材料を提供せぬと思ふ。之に反して、例へば内大臣が集めた所謂《いわゆる》民間情報は大体悲観的のものが多い。これは多くは当局のうつ手を知らぬからと思ふが、常に事態を重視し過ぎるきらひがある。丁度其中間位の所が本当ではないかと思ふ。[9]

これだけ見れば、戦時期の回顧とそこから天皇が得た教訓ということになるが、問題はこれに続く天皇の発言である。

　責任者〔政府〕が楽観して心配ない、共産党には時々のstatementを出す位で沢山といふ事は、いざといへば実力行使の腹がある為ともいへるが、或はこの楽観は例の当局者側の陥る通弊か、これはよく考へることかと思ふ。[10]

当局者は楽観論に傾きやすいという天皇の指摘は、単なる回顧ではなく、この当時の政治状況に対する天皇の危惧を吐露《とろ》したものであったのだ。この年一月の総選挙で日本共産党は四議席から三五議席へと勢力を拡大させたが、四月、政府（吉田茂内閣）は団体等規正令を公布し、日本共産党をはじめとする運動団体の構成員を把握することで、天皇の言うところの「いざといへば実力行使の腹がある」ことを示し、社会運動の抑圧に乗り出していた。折しもドッジラインによる不景気と首切りに対して労働組合や運動団体が攻勢に出ようとしていた矢先、七月六日には下山事件、一五日には三鷹事件が起きるという物情騒然たる中での天皇の危惧の表明だった。

七月一二日の拝謁の際には、田島が、この年に予定している四国・北海道巡幸は「様子を見ねば」と言ったところ、天皇は「そういふ慎重論も尤《もつと》もだが、積極的に多少の危険を冒して出掛ける方が却《かえつ》て国の為によいといふ事も考へられる(11)」と巡幸による民心の掌握に自信を示している。田島はそれでは「動《やや》もすれば一部階層の人の便利に天皇の行幸を利用するとの誤解の恐れあり」として再度慎重論を唱え、天皇も「それはそうだな」と応えたので、田島は繰り返し「警衛上の見地よりも積極的は一寸困難《ちよつと》」と念を押したが、「これには左程御共鳴の御言葉なし(12)」とされている。これも田島の『拝謁記』の一つの特徴であるが、天皇がどのようなことを述べたかだけではなく、反応を示したか、示さなかったかということまで記されており、天皇の興味関心や本心がどのあたりにあったのかを推し量ることができる。

三　天皇の戦争認識（1）：人物評価（近衛文麿や東条英機など）

天皇と田島道治は、新聞・雑誌などで天皇や戦争について触れたものがあるとそれについて意見を交わし、そこから派生して天皇が特定の人物について論じることがしばしばあった。一九四九年九月七日には、丹羽《にわ》文雄の雑誌連載小説から端を発して、東京裁判での量刑に話が及び、天皇は次のように田島に語っている。

豊田〔副武《そえむ》・元軍令部総長〕の無罪〔不起訴〕はアメリカの日本に対する傾向の差を表はす事大なるものだ。広田〔弘毅《こうき》・元首相〕の死刑は気の毒、豊田の無罪と対比し、木戸〔幸一・元内大臣〕、重光〔葵《まもる》・元外相〕、東郷〔茂徳《しげのり》・元外相〕の有罪は可愛相だとの仰せ。鈴木貞一〔元企画院総裁〕、橋本欣五郎〔元陸軍大学校教官〕、大島〔浩・元駐独〕大使などの死刑でなきは不思議、白鳥〔敏夫・元駐伊大使〕もわるいとの仰せあり。私〔天皇〕は科学的に物を考へるが、此豊田の好運を考へると運命、従て宗教といふ事を考へるとの仰せあり(13)。

豊田副武（海軍大将）は、一九四四年五月から連合艦隊司令長官、四五年五月から軍令部総長を務めた軍人で、四五年一二月にA級戦犯容疑者として逮捕されたが、不起訴となり、東京裁判では被告にならなかった。豊田は、対英米戦争の開戦当時、呉《くれ》鎮守府司令長官で、開戦決定には関わらなかったし、日中戦争での住民虐殺や三国同盟締結にも関与していないので、起訴されなかったのはそれほど不思議ではないが、天皇にとっては破滅的な戦争を無理やり継続したという点で許しがたい存在であったようだ。実際、『独白録』において天皇は次のように語っている。

戦争継続論を主張した豊田〔副武〕は賛成出来ぬ人物である、強がり許《ばか》り云つてゐる、かゝる人物がゐるから、陸海軍不一致になるのである。

「マリアナ」の指導も失敗だつた、司令官として成績不良の者を軍令部総長に持つて来ることは良くないと米内《よない》〔光政・元首相〕に注意した事があるが、米内はどうしても持つてきたいと云ふ。

米内の考へは豊田は若い者が推挙してゐるから、彼の力により若い者を抑へて、平和に持つて行かうといふにあつた。

軍令部総長〔豊田〕と次長〔大西瀧治郎〕との人事は米内の失敗である。(14)

豊田副武は、「成績不良」の司令官であり、なおかつ戦争継続派の代表格で、そのような人物が「無罪」とは許せないというのが天皇の感覚なのである。また、先の田島への発言では広田弘毅・木戸幸一・重光葵・東郷茂徳の有罪は「気の毒」「可愛相」だが、鈴木貞一・橋本欣五郎・大島浩などが「死刑でなきは不思議」、白鳥敏夫も「わるい」としている。天皇の善悪の基準は、侵略や戦争犯罪という点ではなく、日本を破滅させたという点にあることがわかる。

この日本を破滅させた要因として天皇があげるのが、政治をちょっとかじってそれを易《やさ》しいと思い込んでしまった陸軍の発想と、動機が良ければ結果を重視しない陸軍の教育である。陸軍の発想について天皇は、畑俊六《はたしゅんろく》（元陸軍大臣・元侍従武官長）が「戦略の方はとても六ケ敷《むつかし》く政治は容易だと」[15]言うのを聞いたとか、本庄繁（元関東軍司令官・侍従武官長）が「戦術は六ケしい、政治はやさしいといつた」[16]とかを田島に語っており、「此陸軍風が今回の戦争を起した」、それは「軍部が政治に生半可に容喙《ようかい》した為め」[17]だとしている。

そして、陸軍の教育については、共に陸軍軍人だった秩父宮（雍仁親王・大正天皇の二男）や三笠宮（崇仁親王・大正天皇の四男）が、宮内庁に相談せず、皇室のことや時事的な問題について新聞の取材に応じたり雑誌に寄稿したりすると天皇は、このような結果を考えずに国や皇室のためと称してすぐに行動に移すやり方を「陸軍風」としてこと細かに批判している（本書一二〇、一二二〜一二三頁参照）。しかし、海軍軍人であった高松宮（宣仁親王・大正天皇の三男）の言動についても常に「皇弟としての自覚」[18]に欠けるとして批判の対象としていた。また、天皇は、現状においてもこの結果よりも動機を重視する「陸軍風」が、違った形で復活することを危惧している。朝鮮戦争勃発後、一九五〇年七月に天皇は田島にこう語っている。

共産党の、大学生に動機の純真なるものがあるとの議論に《ママ》〔は〕非常にあぶないので、永田鉄山問題〔一九三五年八月に陸軍省軍務局長だった永田（統制派）が、皇道派の相沢三郎に斬殺された事件〕でも動機云々を口実に刑には処しても甚しく軽きに失し、又他の場合には動機のよきを口実に不問に附した事もあり、か丶る風が遂に太平洋戦争を起す事となつた事故《ことゆえ》、青年将校と大学生との差だけであつて危険は同じ事だ、此点など考へずに抽象論で全面講和など論じられては困る[19]。

かつての「昭和維新」＝国家改造を唱えた青年将校も現在の全面講和を主張する共産党系の大学生も動機は純粋であっても、それだからと言って厳しい対処をしないと事を誤ると天皇は憂慮しているのである。青年将校を増長させた皇道派の荒木貞夫（元陸軍大臣）や真崎甚三郎《まさきじんざぶろう》（元陸軍大将）への天皇の評価は厳しいが、全面講和論を唱え当時の左翼青年を煽っているとみなされた知識人・文化人に対しても時流におもねる者として警戒する言葉が『拝謁記』には散見される。例えば、一九五〇年五月二二日には、「南原《なんばら》〔繁《しげる》・東大総長〕が非常に政治のことを論ずるが（昨日の新聞に大学で演説した事がのつてた）、〔中略〕学生が政治の実際運動にやるのをいかぬといひながら、大学総長が政治に関連して益々いふといふ事になつては、自ら戒めて衆を率ふるでなくては到底駄目だと思ふ。非常によくないと思ふ[20]」という南原批判を語っている。なお、天皇の発言中の永田事件について「刑には処しても甚しく軽きに失し」というのは天皇の思い違いで、永田を殺害した相沢三郎（歩兵中佐）は死刑に処せられているから、三月事件・十月事件・五・一五事件などと混同している可能性がある。

なお、一九四九年から五〇年にかけての時期、戦前の軍国主義者と戦後の全面講和論者を同様のものとしてしばしば語られている。例えば、一九五〇年五月三〇日にも天皇はこのように語っている。

最近のソ連の外交はどうもうまい様だ。民族独立とか、永世中立とか、全面講和とか、何人も反対出来ぬスローガンを以て一般人をだまし（其実共産化の野心を下に包蔵してるが）て行く事、丁度戦争前の忠君愛国をスローガンとしてと同じも、誰も反対出来ぬ内にいつの間にか軍閥に引ずりこまれた形となつた。丁度それと同じで、非常に憂慮すべき事だと思ふ。(21)

不思議なことに、戦前において「軍閥に引ずりこまれた」としているが、そこでは天皇自身も重要なアクターであったことは、忘れられているように思われる。

人物評価としては、『拝謁記』には近衛文麿と東条英機との対比論がしばしば出てくる。『独白録』では近衛の評価が厳しいのに対して東条の評価が相対的に高いような印象を受けるが、『拝謁記』では、それぞれの長所を併せ持つ人物が良いとの発言が随所に見られる。例えば、戦時中に近衛が真崎甚三郎に接近していたことを田島が「不可解」だと発言した際の天皇の応答を『拝謁記』はこのように記録している。

近衛は毒を以て毒を制する主義で色々な一寸変りものを好く癖のあつたこと、〔一九四一年〕九月五日会議のとき御思召《おぼしめし》なれば責任を陛下に帰すること、等々御話になり、東条は仏印へ兵を進めたものを罰したこと、ぼや事件で近衛の師団長等、旅団長賀陽《かや》（金枝玉葉《きんしぎよくよう》）を罰したこと等、信頼出来る長所はあつたが政治的識見を欠いた等のこと、何れにしても下克上のあつたこと、いはゞ東条と近衛とを一身に持つ様な人間があればと思ふとのいつもの仰せを相当永くいろいろの実例にて御話あり。(22)

「東条と近衛とを一身に持つ様な人間」というのが「いつもの仰せ」と記されているのであるから、

田島は同様のことを何度も聞かされたのであろう。一九四六年前半に記述された『独白録』や木下道雄（当時の侍従次長）『側近日誌』では、常に東条と近衛は対比されてはいるが、「東条と近衛とを一身に持つ様な人間」ということは強調されていないので、東京裁判も終了し、天皇の人物評価にも少し変化が生じてきたのかもしれない。

四　天皇の戦争認識（2）：戦争責任と退位論

一九四九年一一月二六日に昭和天皇とマッカーサーの第九回会見があり、「早期の講和条約締結」「日本の安全保障[23]」などが話題となった。『拝謁記』の一一月二八日には次のようなやり取りが記録されている。

〔天皇〕此間ＭＣ〔マッカーサー〕とあつた時に、講和、平和は近いとの印象を受けた。遅くとも来年〔一九五〇年〕六月位ではないかと思ふ。ついては皇太子の外遊のことだが、英米へ行くことは先《ま》づどうしても必然だと思ふが、其時間の問題だとの御話故、〔田島〕実はそのことは先般来小泉〔信三・東宮御教育常時参与〈皇太子の教育係〉〉とも極秘に考慮致し居りますので、その時期、期間、供奉《ぐぶ》員費用等の点を考へて居りますと申上げし処[24]

ここで注目すべきは、講和成立の見通しと「皇太子の外遊」を直結して天皇が語り、田島も皇太子の外遊を皇太子の教育係である小泉信三と「極秘」に相談しているということである。翌二九日にも天皇と田島は皇太子の外遊のことについて供奉員〔随行者の幹部〕をどうするか、予算は、期間は、と多岐にわたって相談して、そのやり取りの中で天皇はこのように述べている。

東宮ちゃん〔皇太子〕はむしろ西洋など余り好かぬではないかと思ふ。ねまきもpajamaでなく着物だ。私も義宮〔天皇の次男〕もpajamaだが。〔皇太子は〕大体教育を受ける頃が戦争右翼思想時代故、日本独善的で西洋をあまり尊重せぬ傾向で私〔天皇〕たちの時代と違ふ。〔中略〕〔皇太子は〕外国の事物にすべて批判的である故、永く旅行したいとは思はぬと思ふ。然し今日内外の状況上、当然洋行はせねばならぬ。殊《こと》に英を始め仏、白〔ベルギー〕等にも行く必要あり[25]

皇太子はあまり欧米に行きたくないだろうが、それでも行く必要があると天皇は強く主張している。皇太子の外遊〔一年半くらいの留学を想定〕について天皇から連日にわたり聞いた田島は、なぜ天皇がそれに執着しているのかを確かめようとして一二月一九日、「何か特別の御考が御ありの為に比較的早い時期の仰せがありましたのでございませうか」と天皇に質問した。それに対して天皇は、このように答えている。

講和が訂《ママ》〔締〕結された時に又退位等の論が出ていろいろの情勢が許せば退位とか譲位とかいふことも考へらるゝので、その為には東宮ちゃんが早く洋行するのがよいのではないかと思つた[26]

天皇の言葉に田島は「感激して落涙滂沱《らくるいぼうだ》、声も出でずしばしば発言し得ず」との状態となるが、

「内心の奥の奥に考へておりますることを申上げますることを御許し願ひたい」とした上で次のように語った。

　何と申しましても旧憲法の文面では陛下が万機を総攬《そうらん》遊ばしまする建前で、御責任は陛下にないと申し難く、又一面統帥権の関係からは大元帥であられ、大元帥陛下の馬前に戦死したもの、心、及其遺家族の、殊に母とか未亡人とかの心情を考へますれば、陛下の只今の様な御考へ方を拝しますることは悲しいことではありまするが又実にうれしいことでございます(27)。

田島の感激は大きなもので、この後、「只今の如き全く陛下御自らの御言葉を適当の時に御発し願ふことは誠にうれしい悲しいことに存じます。但し御発表の好機迄は絶対に御発言無之《これなく》、又時来れば何卒《なにとぞ》御発意の通りに御発言願《ねがい》度《た》きやうに存じます(28)」と発言したが、「こみ上げる感涙にてとぎれとぎれに多少興奮感激強く、なきじやくり等して言葉途切れ勝ち(29)」という状態であった。

　しかし、この一二月一九日のやり取りを見ると、実際の天皇の発言は、ここで紹介した「講和が訂《ママ》結された時〔中略〕その為には東宮ちやんが早く洋行するのがよいのではないかと思つた」というものだけで、後はすべて田島の発言である。田島の感涙にむせぶ発言の最中も後も「陛下も何等御言葉之無、暫時の間しんと致し(30)」ていたと言う。田島は、講和の機会に天皇が戦争の責任をとる形で退位（皇太子に譲位）し、その際に天皇の偽らざる心情を国民に伝える、と受け取って感激しているが、果たして天皇と田島の戦争責任と退位をめぐる思いはどの程度重なっていたのか、さらなる検討が必要なところである。この退位問題については、第二章で改めて検討する。

五　天皇の戦争認識（3）：再軍備をめぐって

一九五〇年六月二五日、朝鮮戦争が勃発すると天皇が最も憂慮したのは国内の治安問題（共産党対策）であったことが『拝謁記』からも分かる。六月二六日、天皇はこの日午前中に拝謁した[31]殖田《うえだ》俊吉《しゅんきち》法務総裁（現在の法務大臣）に吉田茂首相への伝言として次のように頼んだと田島に語っている。

兎《と》に角《かく》日本の治安の問題に注意して貰はねば困るし、朝鮮の問題に鑑みて総て早く処置をとつて貰ひたいと思ふ。そして、日本に共産党の存在、又は発展する温床のある事がいけないから、之をアメリカが除く事をしなければいかぬ。橋本〔欣五郎〕とか小磯〔国昭・元首相〕とかいふ、追放に値するものは仕方がないが、その外追放に値しない人には一日も早く解放せねば駄目だ[32]

拝謁した閣僚に対して天皇が共産党の排除や追放者の解除を求める発言をするのは、明らかに政治介入であり、象徴天皇としては逸脱行為である。そのため、これを聞いた田島は、「結構ともいはず只承る[33]」と記している。ただ、ここでも橋本欣五郎や小磯国昭は「追放に値するもの」との天皇の人物評価が登場している。天皇は、殖田には言わなかったが、田島にはこの時に荒木貞夫（元陸軍大臣）と真崎甚三郎（元陸軍教育総監）も「追放に値すると思ふ[34]」と付け加えている。

なお、追放解除問題では、天皇は殖田法務総裁に要望を表明してしまったが、このような逸脱を、田島は何とか事前に防止しようとしている。少し後に、天皇と田島は次のような問答をしている。

〔天皇〕国民教養の中心として、教育勅語のやうなものがなくなつたのは困る。教育を干渉する勅語でなく、道徳勅語だといふ御話故、〔田島〕道理でございますが、今日としては勅語で道徳の規準といふ時代でございませぬので、此《この》御部屋の外で仰せられては駄目でございますが、真理はあります。(35)

「教育勅語のやうなもの」を求める天皇に対して、田島は「勅語で道徳の規準といふ時代でございませせぬ」と諌《いさ》めている。日本国憲法が施行されて三年余、未だに田島という防波堤がなければ、天皇はこうした発言を「此御部屋の外で」言いかねない状態であったということだ。

一九五〇年八月一〇日、政府は警察予備隊令を公布する。この日の『拝謁記』に次のようにある。

警察予備隊の話を少しきゝましたがと申上げし処、軍隊だとの仰せ。(36)

二日に吉田首相から一般政務等の報告を受けていた天皇は、(37)警察予備隊についても説明を受けていたのであろう。田島の問いかけに即座に「軍隊だ」と答えている。しかし、軍隊ということになると、旧軍人の復活ということになり、当然、天皇はそれを気にしていたものと思われる。実際、一一月七日に天皇は田島にこのように言っている。

今朝の新聞を見ると一応きめた警察予備隊の幹部が改められるといふ事が出てる。そして軍人にするのではないかと思ふのだが……実は吉田首相が此間内奏の時に、秘密に士官学校の五十八期九期とかの士官と御つきあひに、同時頃の兵学校の出身将校を解除して予備隊に使ふような事をいつてたが、其点心配でたまらんがどうなつてるかしらん。(38)

天皇が「心配でたまらん」と言ったのは、真崎甚三郎の教育を受けた「青年将校」のような軍人が復権することであった。「士官学校卒業のものが其教育で昔通りのやうな事が再現するやうな事は困る。吉田にも一寸いつたら人選に注意するといつてたが(39)」とも天皇は語っている。ここでも天皇が、すでに警察予備隊幹部の人選について吉田に注文をしていたことが分かる。だが、天皇は、この点については吉田をも疑っていた。続けて天皇はこう言っている。

吉田は〔戦時中には〕殖田〔俊吉〕と一所に真崎などと一所に事を考へてた人で、其点は一寸考へが違ふのではないかと思ふ。青年将校は私をかつぐけれど私の真意を少しも尊重しない。むしろありもせぬ事をいつて彼是《かれこれ》極端な説をなすものだ。〔中略〕私の真意のやうな軍人の精神ならい丶が、真崎流の青年将校のやうな軍人の精神は困る(40)……。

だが、天皇は旧軍人の復活そのものを拒絶しているわけではなかった。それは、翌一一月八日、田島が警察予備隊幹部について改めて調べ、「幹部は〔追放〕解除者ではありますが、少し警察色が濃い〔警察出身者が多い〕といふ事だそうでございます(41)」と報告したところ、その際の天皇の様子を田島はこう記している。

そうか、よく了《わか》つたとの仰せながら、陛下は、一面警察予備隊の仕事の性質上より文官的になる事を心細く思召しの様にも拝せられ、善良なる陛下の平和的御精神を伝へる立派な軍人的支配を希望せられる御様子に拝す。御理想として。[42]

天皇は、「下克上」をするタイプの軍人や無謀な戦争を無理やり継続させた軍人を、日本を破滅させた張本人として激しく忌避しており、彼らが自分のコントロールに服さなかったことを批判しているが、何故、大元帥たる天皇がそれを統制できなかったのかについては語ろうとしない。その意味で、自分もそうした無軌道な者たちに翻弄された被害者であるとのスタンスをとっているように思われる。

＊　＊　＊

一九五〇年六月にスターリンの指示による北朝鮮側の大攻勢で始まった朝鮮戦争[43]は、その後、米韓側の反撃、北朝鮮への侵攻、中国の介入による北側の反攻と、戦況は目まぐるしく変わった。隣国での戦争が、アジア太平洋戦争のことを想起させたのか、天皇はしばしば戦争時代のことを田島に語っている。一二月には、対英米開戦の月であるからなのか、このようなやり取りがされている。

〔天皇〕之は私の勝手のグチだがとて、米国が満州事変の時もつと強く出て呉《く》れるか、或いは適当に妥協してあとの事は絶対駄目と出てくれゝばよかつたと思ふとの仰せ。又五五三の海軍比率が海軍を刺激して、平和的の海軍が兎に角く、あゝいふ風に仕舞ひに戦争に賛成し、又比率関係上堂々と戦へずパールハーバーになつたの故、春秋の筆法なればHughes国務長官〔英・米・

> 日の艦艇の保有比率を五・五・三に決めたワシントン会議の際のヒューズ米国務長官。会議冒頭で比率を提案した〕がパールハーバーの奇襲をしたともいへるとの御話故、〔田島〕これは此御部屋の中だけの御話でございますと申上ぐ。[44]

相手（米国）の打つ手によって日本は戦争に追い込まれたということだが、これはまさに日本が国家戦略において相手にしてやられたということに他ならない。天皇が語るところに従えば、戦前日本は、対外的にはアメリカにしてやられ、国内的には陸軍の暴走と「下克上」によって破滅した、ということになる。『拝謁記』において天皇はしばしば、当時の軍部（特に陸軍）を抑えられるものはなかったと語っている。激動の一九五〇年の暮れにも田島はこう記録している。

> 兎に角軍部のやる事はあの時分は真に無茶で、迚《とて》もあの時分の軍部の勢は誰でも止め得られなかつたと思ふと、当時の御話の御述懐を大に承る。[45]

昭和戦前期において軍部とりわけ陸軍が、戦争と侵略の牽引車であったことは確かである。しかし、天皇は、暴走するジェットコースターの単なる乗客だったわけではなく、それを運転する側のナビゲーターの筆頭格であったはずである。田島道治は、天皇は戦争を悔恨し、責任を感じていると信じていたが、その悔恨と責任の中身については、田島の思いとはズレがあったのではないかと思わざるを得ない。この点については、さらに次章で分析を進めながら、検証していきたい。

注

（1）『拝謁記』は、古川隆久・茶谷誠一・冨永望・瀬畑源・河西秀哉・舟橋正真編『昭和天皇拝謁記　初代宮内庁長官田島道治の記録』第一巻【拝謁記1　昭和二四年二月～二五年九月】（岩波書店、二〇二二年）、第二巻【拝謁記2　昭和二五年一〇月～二六年一〇月】（二〇二二年）、第三巻【拝謁記3　昭和二六年一一月～二七年六月】（二〇二二年）、第四巻【拝謁記4　昭和二七年七月～二八年四月】（二〇二二年）、第五巻【拝謁記5　昭和二八年五月～二八年一二月】（二〇二二年）、第六巻【田島道治日記】（二〇二二年）、第七巻【関連資料】（二〇二三年）の全七巻として刊行された。

（2）田島道治の日常の日記や田島が保管していた関係資料（ただし「拝謁記」以外）は、加藤恭子氏によって『田島道治　昭和に「奉公」した生涯』（TBSブリタニカ、二〇〇二年）や『昭和天皇と田島道治と吉田茂』（人文書館、二〇〇六年）などとしてすでに紹介・検証されている。

（3）古川隆久「総説」、前掲『拝謁記』第一巻、二五一頁。

（4）宮内庁編修『昭和天皇実録』第十（東京書籍、二〇一七年）六五九～六六〇頁。

（5）「聖談拝聴録」は、戦後に侍従次長を務めた木下道雄の『側近日誌』（文藝春秋、一九九〇年）や入江為年監修『入江相政日記』（朝日新聞社、一九九〇年～一九九一年）でもその存在が確認できるが、現時点で原本の存在は明らかになっていない。

（6）『拝謁記』第一巻、三頁、一九四九年二月七日の条。引用文中の〔　〕内は山田による補足（以下、同じ）。

(7) 同前、三〜四頁、一九四九年二月一〇日の条。
(8) 同前、四頁。
(9) 同前、二二頁、一九四九年七月八日の条。
(10) 同前。
(11) 同前、二三頁、一九四九年七月一二日の条。
(12) 同前。
(13) 同前、三一頁、一九四九年九月七日の条。〔　〕内の補足は山田によるものであるが、刊本にもほぼ同様の補足記述がある。
(14) 寺崎英成／マリコ・テラサキ・ミラー『昭和天皇独白録』（文春文庫、一九九五年）一三六〜一三七頁。
(15) 『拝謁記』第一巻、三六頁、一九四九年九月一九日の条。
(16) 同前、一二六頁、一九五〇年四月五日の条。
(17) 同前。
(18) 同前、五頁、一九四九年二月一七日の条。
(19) 同前、一七五頁、一九五〇年七月一〇日の条。
(20) 同前、一四三〜一四四頁、一九五〇年五月二二日の条。
(21) 同前、一五〇頁、一九五〇年五月三〇日の条。
(22) 同前、六三頁、一九四九年一一月三〇日の条。

(23) 前掲『昭和天皇実録』第十、九四二頁。
(24) 『拝謁記』第一巻、五九頁、一九四九年一一月二八日の条。
(25) 同前、六二～六三頁、一九四九年一一月二九日の条。
(26) 同前、七一～七二頁、一九四九年一二月一九日の条。
(27) 同前、七二頁。
(28) 同前。
(29) 同前、七三頁。
(30) 同前。
(31) 宮内庁編修『昭和天皇実録』第十一（東京書籍、二〇一七年）一一〇頁。天皇が殖田法務総裁に吉田首相への伝言を依頼したのが六月二五日午前中であったことを示している。
(32) 前掲『拝謁記』第一巻、一六五頁、一九五〇年六月二六日の条。
(33) 同前、一六六頁。
(34) 同前、一六五頁、一九五〇年六月二六日の条。
(35) 同前、二二一～二二二頁、一九五〇年九月二五日の条。
(36) 同前、一九三頁、一九五〇年八月一〇日の条。
(37) 前掲『昭和天皇実録』第十一、一二〇頁。
(38) 『拝謁記』第二巻、一六頁、一九五〇年一一月七日の条。引用文中の……は原文のままで、省略した部分は〔中略〕で示す。

(39) 同前。
(40) 同前。
(41) 同前、一七頁、一九五〇年一一月八日の条。
(42) 同前、一七～一八頁。
(43) 不破哲三『スターリン秘史――巨悪の成立と展開　第6巻　戦後の世界で』（新日本出版社、二〇一六年）二〇八～二一五頁。
(44) 同前、二四頁、一九五〇年一二月一日の条。
(45) 同前、四〇頁、一九五〇年一二月二六日の条。

第二章　昭和天皇の戦争認識（Ⅱ）

本章では、『拝謁記』の第二巻半ばから第三巻、一九五一年から五二年前半までを分析する。この時期、とりわけ一九五一年七月から五二年五月にかけて天皇と田島道治が最も時間をかけて取り組んだのが、講和条約の発効にともなう「お言葉」作成である。[1]「お言葉」[2]をどのような構成にするのか、どのようなキーワードを盛り込むのか、それぞれのワードがどのように解釈されるのか、誤解を生じるのか、といった天皇・田島・吉田茂の三者の意見交換の中で、天皇の戦争認識と時局認識（危機感）、田島・吉田の天皇制と天皇への思いが浮き彫りにされてくる。したがって、本章では、この「お言葉」問題に焦点をあてて昭和天皇の戦争認識を明らかにしたい。

一　サンフランシスコ講和発効時の「お言葉」問題の発端

昭和天皇は、サンフランシスコ講和条約の発効に際して、一九五二年五月三日に皇居前広場で開催された「平和条約発効並びに日本国憲法施行五周年記念式典」において「お言葉」を述べた。この「お言葉」の発表をめぐって天皇と田島道治は、結果的にではあるが、前年七月から実に一〇カ月もかけて準備をしてきたのである。この天皇の「お言葉」は、戦前で言えば「勅語」[3]に相当する国内外にあてたメッセージであるが、過去にこれほどの時間をかけて準備をされたものはなかったであろう。

この「お言葉」作成問題は、一九五一年七月一三日、吉田茂首相が天皇に拝謁し、アメリカ側（ダレス大統領特使）が提示した講和条約案を説明した直後[4]に始まった。天皇が「今総理と話して講和後の事をいつたら締結後お言葉を頂きたい、――多少余り有頂天にならぬやうな意味で――といふ事をいつていた。長官〔田島〕によく相談してくれといつておいたから[5]」と田島に話したことが発端である。

その後、天皇は、七月二〇日から八月二三日まで那須御用邸に滞在し、この間に天皇と田島は、「お言葉」について、そこに何を盛り込むかを考え始める。講和条約の調印は九月、その批准国会は一〇月開会が予定されていたので、天皇と田島は早速、作業に入ったのである。最初に問題となったのは、祝意とそうでない部分のバランスの問題であった。七月二六日、天皇は次のように田島に語っている。

私は講和はDulles等の配慮で敗戦国として第一次〔世界大戦後〕の独よりもどこよりも寛大な条件でよろしいと思ふ。又六年も独立国でなかつたのが独立すること故結構と思ふし、国民にもその感じはあるが、素《もと》より敗戦の結果であり、領土の一部を失ふといふこと、戦死傷者のこと、未帰還者のこと等、戦争についての犠牲等のことを考ふれば少しも喜ぶべきでない。此二つのかねあひの問題は、此前長官〔田島〕に話して長官は気持を充分分つてくれたと思ふが、首相にも此間話したが、吉田はどうも分つたか分らぬか（私のいゝ方が下手であつた為かも知れぬが）分らず、提灯《ちょうちん》行列はいかんといふ一本槍で、かねあひの処がどうも分らぬ(6)

吉田も「余り有頂天にならぬやうな意味で」と言ったのであるから、祝意一辺倒の「お言葉」を求めたわけではないのは確かだが、吉田がどういう「お言葉」を想定しているのか、「かねあひ」という点で真意をはかりかねた天皇は、田島を吉田の夏の静養先〔箱根〕に派遣した。八月七日に吉田と会談した田島は、九日に「派手な事と思われる部類の事は止めにして、例へば陛下の御放送の如きも願はず、又講和に際して陛下の特別の御声明等も必要なく、適当な時期〔中略〕例へば十月下旬、臨時国会の頃がよい時期なれば、其時又来年の本国会の時がよければその時、国会開会式の時の陛下の勅語の中へ織り込んで頂きたい(7)」との吉田の意図を天皇に伝えた。

吉田は、講和実現に際しての特別な「お言葉」ではなく、講和条約批准の国会開会式における「勅語」の中に、国民が「余り有頂天にならぬやうな」天皇のメッセージを盛り込むことを想定していたのである。つまり、若干の祝意表明と国民への戒め、激励を込めるということである。国会開会式における「勅語」はかなり定型的なものであるので、そこに天皇の思いを組み込むことには限界があるが、早ければ一〇月という時期が概ね明らかになったことで、天皇と田島は直ちに「お言葉」（勅語）の内容検討を始めることになった。

二　「お言葉」作成の第一段階：天皇の要求と退位問題

だが、この「お言葉」（勅語）に対して天皇は、吉田が意図したものとはまったく別のメッセージを込めようとしていた。八月二二日、天皇は田島に次のように語っている。

終戦の時に〔詔書の中で〕そら何とかいつた……五内《ごだい》〔為に〕裂くといふ文句があるだらう、あれは私の道徳上の責任をいつたつもりだ。法律上には全然責任はなく、又責任を色々とりやうがあるが、地位を去るといふ責任のとり方は私の場合、むしろ好む生活のみがやれるといふ事で安易であるが、道義上の責任を感ずればこそ苦しい再建の為の努力といふ事は責任を自覚して多少とも償ふといふ意味であるが、デリケートである。吉田の話では国会開会式の勅語を通しては此点どうもうまくいへぬが、何か此点デリケートだが、私の気持を表はす事を〔したい〕[8]」

つまり、天皇はこの機会に国民に対して、自分が退位せず、留位して「苦しい再建の為の努力」をすることが自分の責任の果たし方だということを伝えたい、というのである。これに対して田島は、「今日は御退位の御意思は少しもなく御留意《ママ》〔位〕の説明をしたいといふ御気持。御留意《ママ》〔位〕の説明をせぬと、どうも一切御安心出来ぬ御不安の御気持らしく拝す[9]」と記している。そして、天皇に対して、「それは国会開会式のおことば以外に、おことばとか首相謹話とか長官謹話とかの形式によるものかと思ひまするが、〔中略〕真面目な智識人の内に、矢張り御退位の方が陛下の道義上の責任として至当であるといふもの、相当居ると思ひまするので、此点田島もどうも中々六ケ敷《むつかしき》問題と存じまする故、充分又考慮を致します[10]」と語った。田島は、天皇の進退にかかわることを国会開会式の「勅語」に盛り込むことは困難で、それには別の機会を設定する必要があるが、それにしても天皇自らが留位について語ることは非常に難しい問題だ、との見解を示した。この時点での田島は、天皇自らが留位表明をすることに明らかに消極的であった。

だがその後、田島は考え方を変える。八月二七日に宮内庁に共同通信の記者が来て、宇佐美毅《たけし》次長に対して講和条約の締結は、天皇にとって退位を表明するならば最後の機会になるのではないか、といった質問をしたことを天皇に伝えた上で、「〔お言葉の〕内容を具体的に考へねば何とも申されませぬが、いゝものが出来ますれば、ある〔発表した〕方が一面国民の予期にも合するかとも思はれます[11]」と語った。そして田島は二八日に吉田に会い、天皇の留位を表明したいとの希望を伝え、「御退位の事については首相は世の利口ぶるものがそんな事をいふのもあるが、人心の安定上そんな事は考へられぬといふ態度でありました故、私も大体結論はそうかと思ひますが、世の利口ぶつたものに話をきけば一理あるやうに感じられまするので、世の利口ぶつた人が納得して退位論をいはぬ様になるやうな方策も考へられねばならぬ云々と話合ひました[12]」と天皇に報告している。天皇が自ら語ることで退位論者を納得させる、というやり方もあるのではないか、と田島は考え始めたのである。

また、八月二八日の吉田・田島会談で、天皇の留位表明の「お言葉」は、講和条約調印直後は避けた方が良いという点で合意され、事実上、国会開会式の「勅語」とは別に後日「お言葉」を発表するという方向性が定まったと言える。

講和条約の調印が現実のものとなってきたこの時期に、昭和天皇がはっきりと「留位」を言い出すようになったのはなぜか。前章（四三頁）でも紹介したように、天皇は一九四九年一二月の時点では、「講和が訂《ママ》結された時に又退位等の論が出ていろいろの情勢が許せば退位とか譲位とかいふことも考へらるゝ[13]」と田島に語っていた。

しかし、その後、朝鮮戦争の勃発と国内におけるレッドパージと社会運動の激化は、ここで退位して年若い皇太子に位を譲ることなどとてもできないと天皇に思わせるようになっていた。天皇が抱いた危機感については後述するが（七三～七八頁、八五～八九頁など）、このような状況の中で、冨永望氏がすでに指摘しているように[14]、独立が近づくにつれて各方面で退位論が目立つようになっていた。天皇はまだあちこちにくすぶり続ける退位論を、自らがそれを説得することで打ち消そうと考えだしたのである。退位論には様々なレベルのものがあったが、有力なものの第一は、戦争責任〔道義的責任〕をとっての退位論であり、第二は、旧軍人たちの中から出てきた、再軍備を前提とすると、新日本軍の総司令官につくのは新天皇がふさわしいという、結果として天皇に退位を迫る議論である。

講和条約の調印式は一九五一年九月八日（日本時間では九日）にサンフランシスコで行なわれ、一四日に吉田茂らの全権団は帰国した。『拝謁記』によれば、天皇は、過去の重要条約の全権団が帰国した際に、誰を出迎えの使者として派遣したのかを田島らに調べさせ、今回は三谷隆信侍従長を羽田飛行場に差遣《さしつかわ》した。(15) 一五日、吉田首相は講和条約と日米安全保障条約の内容について天皇に説明した。この時吉田が、講和条約が予想以上に寛大なものであったことを報告すると、天皇はそれを認めつつも、「明治大帝の孫の治世に日本がすべての海外領土を失ってしまうことになったのは、自分にとって手ひどい打撃である」という問答がなされたとされている。(16) 一九日に天皇と田島は、「お言葉」問題について論じたが、その際、田島が、「国会の御ことば以外に何か陛下の仰せになりたいという問題が依然として宿題といふ事であります(17)」と言ったところ天皇は、

その通りでこれは中々六ケしい、私が何かいへば必ずどちらからも何とかいはれるだらうし、文章は一字一句六ケしいので中々出来ないかも知れないが、先達てからいふ通り故、安倍〔能成《よししげ》〕や小泉〔信三〕や又田中〔耕太郎文相〕などの意見をきいて何とかこう……うまくいひ得るや

うに……〔中略〕外人も何か私のいふ事を期待してるのではないかと思ふ[18]と、改めて表現は難しいが、メッセージを発したい旨を田島に伝えた。その際、田島は、『拝謁記』に「アブディ〔退位〕問題を無意識にも前提とせざれば此問題の核心にふれ得ず[19]」と記している。問題の本質は、天皇の心情を表現しつつ、退位するのではなく留位することが天皇にとっての「責任」の取り方なのだ、ということを退位論者も納得する形でどう「お言葉」にするか、ということであった。天皇は、知識人や旧軍人の中の退位論に注目するだけでなく、自分の身内である秩父宮・高松宮・三笠宮などから退位論が飛び出すことも恐れていた。事実、彼らはそれまでにその種の発言をしており、それは天皇の耳にも届いていた。一〇月五日にも天皇は田島にこのように確かめている。

昨日吉田との会見の話をきいたが、疑点が一二あるのできくのだが、高松さんが総理に意見書の様なものを出すといつてたがその内容は何か、私の責任問題とか退位とかいふ事ではないのか[20]

田島は、「只今仰せのやうな内容のものではなさそうだといふ事だけは確かと存じます[21]」としているが、天皇が直宮《じきみや》から退位論が出ることを警戒していることがわかる。

退位論者を納得させる論理、という点で天皇が最初に田島に語ったのは犠牲的精神に基づく留位論である。一一月一一日、天皇は田島に次のように「力説」（田島の表現）した。

私は伊藤博文が辞職をいつた時、明治天皇が朕は辞職が出来ぬと仰せになつた事、又エリゼー宮〔パリ市内にある宮殿〕は金殿玉楼《きんでんぎよくろう》といふ事（此意味分らず、それはどういふ意味でございますかと伺ひし処、金殿玉楼であるが牢屋といふ事仰せになる）、ルイ十四世がヴエルサイユ宮殿を作つても小屋を作り、又もつと小さい小屋を作つたといふ様な事を考へれば、帝王の位といふものは不自由な犠牲的の地位である事がわかる。その位を去るのはむしろ個人としては難有《ありがた》い事ともいへる。現にマ元帥が生物学がやりたいのかといつた事もある。その自由のない牢屋にたとへ、又宮殿より小屋にと大王が移つたやうな地位に止まるのは易きに就くのでなく、難きに就き困難に直面する意味である[22]

田島は、「稍《やや》不分明なるも、退位せぬはむしろ犠牲的の行動であるといふ理由づけをせんとせられる如く拝す[23]」と記している。この天皇の犠牲的留位論に対して田島は、退位と留位という「二つの責任のとり方があるが、国民の為どちらがいゝか、国民の定める事に私は従ふといふ御気持の方が、終戦の時仰せになりました御言葉と合致するやうに思はれます。勿論国民の大多数のものは陛下の御在位を希望いたしますると確信致しますが……但し此国民の意思といふものを国民投票といふ訳にもいかず、議会の問題ともいきますまいし、結局国民の支持を受けてる内閣、首相の説を国民の意思と御考へになりまするより外ないかとも思ひまするが、其点よく分りませぬが、犠牲的に皇位に在るのだと陛下の方から仰せになる事は如何かと存じまする[24]」と応じた。退位・留位を天皇の方から直接的に言うのではなく、国民の選択、つまり内閣の選択に従うという形にした方が良いと言うのだ。天皇もこの点は納得したものと思われる（次ページに後述）が、結局は留位の表明はされることになる。

また、退位論を説得するためにはどうしたらよいのかという点で天皇が田島に語ったのは、戦争をなぜ止められなかったのか、また、もっと早く終わらせることができなかったのか、これらのことを

説明したい、ということだった。一一月九日、天皇は田島に、

今の退位論者でなくても、戦争防止がなぜ出来なかつたとか終戦がもつと早く出来なかつたかといふ疑問は持つだらう(25)

と語っている。また、ちょうどこの頃、天皇は「お言葉」を出す時期についても、

長官談となるか、直接私の声明になるか、兎に角、あの出すのは〔とて出す事は既定のやうな御口吻《こうふん》。実は首相未だ了承せず〕、あれはこの日本の〔講和条約〕批准認証の時ではなく、効力発生の時だネー(26)

と自分の中ではすでに決めていた。実際に、天皇の「お言葉」は講和条約の発効直後になるのだが、〔 〕内の田島のコメントを見ても、「お言葉」問題を天皇自身が先導していることがわかる。天皇の意欲に押された形で、田島はとにかく「お言葉」案の作成に入ることにした。一二月一三日、作成に先立って田島は、天皇に「陛下の大趣旨は、安きをすてゝ難につくこそ責任を知るものとの事かと存じます(27)」と述べたところ天皇は、こう語った。

それは根本の筋だが、国民が退位を希望するなら少しも躊躇せぬといふ事も書いて貰ひたい〔中略〕東宮ちゃん〔皇太子〕は大分できてゝいゝと思ふが、それでも退位すれば私が何か昔の院政見たやうないたくない腹をさぐられる事もある。そして何か日本の安定に害がある様に思ふ(28)

「国民が退位を希望するなら」という部分は、天皇が田島の前述の進言を受け入れたことを示しているが、後段は皇太子への譲位をしたとするとそれは「日本の安定に害がある」との天皇の時局観を

示している。翌一四日、天皇は、早速、「お言葉」に盛り込むべき骨子について田島に要望している。

それから条約効力を発する時の文書の事だがネ、昨日骨子の点はいつたが、〔中略〕和解と信頼の〔講和〕条約といふ事はいひたひと思ふ。それから平和の事を考へてたとか西洋人によく私がいふのだが、平和を念じながら〔戦争を〕止められなかつたといふ事、東条内閣の時は既に病が進んで最早どうすることも出来ぬといふ事になつてた事等あるが、前提や結論や余り変になつてもいかぬし、書くのは六ケしいネー[29]

これに対して田島が「結局御即位以来平和を念とせられた事から書き出すのかと存じて居ります」と応じたところ、天皇は、「あゝ、開戦の詔書のやうなものか[30]」と語った。実は、簡単なやりとりに見えるこの部分に、天皇と田島の認識の大きな違いが伏在している。天皇は、「開戦の詔書」を平和を念じたものと捉えていたのである。この認識のズレは、この後、「お言葉」作成が難航する原因の一つとなる。

三　「お言葉」作成の第二段階：側近による検討

一九五一年一二月一六日、田島は最初の「お言葉」案を起草して、一七日に天皇の前で朗読した。

この最初の案文は残されていないが、天皇と田島はこのようなやりとりをしている。

日曜〔一二月一六日〕一日がゝりで兎に角田島が筆とりましたものはとて朗読し御聞きを願ひし処、全国民とあるが社会党左派等条約に不賛成のものもある故、全国民といふはどうかと思ふとの仰せ。再応練ります。勿論これは文章のあら筋だけで文章はまだまだ直さねばならぬと申上げし処、その点は勿論そうだが趣旨はそれでよろしい。小泉や安倍と相談してくれとの仰せ[31]。

天皇は、文言について若干の異議を唱えたが「趣旨はそれでよろしい」とした。この日、天皇は改めて田島を呼び、このような話をした。

又退位に関した話になるがと御前提の後、終戦で戦争を止める位なら宣戦前か或はもつと早く止める事が出来なかつたかといふやうな疑を退位論者でなくとも疑問を持つと思ふし、又首相をかへる事は大権で出来る事故《ことゆえ》、なぜしなかつたかと疑ふ向きもあると思ふが〔中略〕事の実際としては下剋上でとても出来るものではなかつた。首相をかへるという事も、私は田中義一〔元首相〕の時には話が違ふので辞めてくれといつたんだが、それを其内閣の久原《くはら》〔房之助〕などは根にもつて、それが結局は二、二六事件まで発展するので、大権だからといつて実際は出来ぬ事だ[32]

この「下克上」論は、戦争が止められなかった、早く終戦に持っていけなかったことを論じる際の天皇の定番の議論であるが、天皇がこれを繰り返すのは、この「下克上」の時代に暗躍した人物たちが、朝鮮戦争・レッドパージ・再軍備の潮流の中で次々と追放を解除されて復活してきているからであった。そのため、この時期、「お言葉」論議の中でも戦時中の回顧と追放解除にまつわる人物談議が多くなる。一二月二四日にも、田島は「最近御退位に御関心の如く、戦時又戦前の御回顧話多く」とした上で、天皇の発言をこのように記録している。

近衛は真崎〔甚三郎・元陸軍大将〕を同情し、荒木〔貞夫、元陸軍大将〕を文相にしたのも近衛、又柳川〔平助、元陸軍中将〕を法相にしたり次の総理だといつたりして木戸〔幸一、元内大臣〕は随分違つた考であり、此点は吉田も真崎を信用してる。私と其点は違ふ様だ。真崎が士官学校長や教育総監をやつて陸軍が政治に興味をもつ様になつたとの仰せ。又〔東久邇〕盛厚さんの話に、盛厚さんの〔士官学校〕同期生はそんな事はないが、其上の同級生は会合して、今でも政治問題とか日本の再軍備とかの話をやつてるそうだ。辻〔政信、元陸軍大佐〕や服部〔卓四郎、元陸軍大佐〕などというのもどうも余りよくないらしい〔中略〕、軍部の策動は、近衛など総理をだきこんで、首相と私との意見の相違（ケンカといふ言葉を御使ひになる）にして了《しま》ふといふやうな有様で、どうする事も出来なかつた[33]

天皇の人物批判は、真崎甚三郎を信用していたという点で吉田茂にまで及んでいる。このような人物談義をはさみながら、おそらく年末頃に田島がまとめたと思われる「お言葉」案は、五節に分けられており、節のタイトルが付されていて「お言葉」の構造がよくわかるので節名を挙げておく。

第一節（序論）　条約発効の 慶《よろこ》びと感想
第二節　平和の素志と戦争の回顧（自責）
第三節　終戦時の悲壮な覚悟

第四節　晩近《ばんきん》の大勢と留位の所以《ゆえん》
第五節（結語）　国民と共に再興精進(34)

この「お言葉」案のポイントは、第二節と第四節である。文案としては、第二節（全文）は以下の通りである。

抑《そもそも》文化を治平に求め内《うち》國民の康福を増進し外《そと》國際の親睦を敦厚《とんこう》にするは、固《も》と我が國是であり又即位以来日夜眷々《けんけん》たる宿望であるに拘《かかわ》らず、事《こと》志と違ひ、時流の激するところ、遂に兵を列強と交へ今次の悲痛なる敗戦を招き、生命身体財産に及ぼせる戦争の惨禍は甚大を極め、思想の混乱、経済の動揺による一般の不安疾苦亦《しっくまた》名状すべからず。一念こゝに及ぶ時まことに憂心灼《や》くの思ひに堪《た》へず。菲徳《ひとく》未然に之をとゞめ得なかつたことを深く祖宗《そそう》と萬姓《ばんせい》に愧《は》ぢる。(35)

元来、平和を国是としていたにもかかわらず、「事志と違ひ」「時流の激するところ」戦争となり、大きな惨禍を招き、それをとどめられなかったことを「深く祖宗と萬姓に愧ぢる」というのが重要なところである。「萬姓」とは国民のことである。自責と悔恨の念を語り、第三節で終戦時の「如何なる犠牲をも辞せず」との覚悟を忘れず、第四節においてこのように述べている。

翻《ひるがえつ》て思ふに方今宇内《ほうこんうだい》の大勢は日一日より急に、時世の推移必ずしも平穏ならず、我国の前途は愈《いよいよ》多難に、人心の安定を要する今日より急なるはなく、国民の責務は益《ますます》重きを加へ、正に国を挙げて覚悟を新たにしなければならない秋《とき》である。今此時勢の大局に視《み》て、廣く世論に察し、微言《びげん》に聴き又深く自ら省み沈思熟慮を重ねた末、此際《このさい》更に自らを励まして負荷の重きに堪へ、国運の恢弘《かいこう》と国民の福祉に寄与《きよ》せんとするこそ、眞に国を愛し公に殉ずる所以であると考ふるに至つた。かくして又世界の平和人類の幸福に貢献し得、聊《いささ》か過去を未来に償ふに足らば幸《さいわ》ひ之に過ぐるものはない[36]。

「今此時勢の大局に視て」から「と考ふるに至つた」が留位の決意を語る部分である。年末頃にまとめられたと思われるこの「お言葉」案は、構成としてはその後もほぼ踏襲された。そして、一九五二年になり、田島の「お言葉」案作成が一月上旬にさらに進んだ段階で、一月一一日、天皇はこのような注文をした。

私は例の声明メッセージには反省するといふ文句は入れた方がよいと思ふ。此前長官は反省するといふと政治上の責任が私にあるやうにいゝがかれるといけないといつたが、私はどうしても反省といふ字をどうしても入れねばと思ふ[37]

この「反省」という言葉も、昭和天皇にとっては、過去の問題であるだけでなく、現在、その反省を生かさなければならないという切実な意味合いを持っていた。田島は、天皇がその点に強い執着を持っていることを察していたので、「充分御思召判然せぬも」としながらも「その点はその後小泉等と相談して『反省』は入れる事に致しました[38]」と答えた。そして、「反省」を言い換えた「遺憾の極み」などの文言を盛り込んだ「お言葉」改訂案を作成し、三谷隆信侍従長や宇佐美毅宮内庁次長にも意見を求めた。これまで「お言葉」を検討してきた田島（六七歳）・小泉（六四歳）・安倍（六九歳）はいずれも一八八〇年代生まれで、三谷（六〇歳）はそれほど変わらないが、宇佐美は一九〇三年生まれ（四九歳、天皇より二歳下）で、田島たちとは異なる感覚を持っていると思われた。

実際、田島らが作った草案にかなり強い違和感を表明したのは宇佐美であった。二月二〇日に田島が天皇に語った内容によれば、宇佐美は、「事志と違ひ」といった表現や、「お言葉」に「反省」を盛り込むことに難色を示し[39]、田島もこれには同調する姿勢を示した。この時、天皇は、このように語った。

> 支那事変で南京でひどい事が行はれてるといふ事を、ひくい其筋でないものからウス〱聞いてはゐたが、別に表だつて誰れもいはず、従つて私は此事を注意もしなかつたが、市ヶ谷裁判〔東京裁判〕で公になつた事を見れば実にひどい。私の届かぬ事であるが、軍も政府も国民もすべて下克上とか、軍部の専横を見逃すとか皆反省すれば〔せざれば？――引用者〕わるい事があるから、それらを皆反省して繰返したくないものだといふ意味も、今度のいふ事の内にうまく書いて欲しいと思ふ[40]

天皇の言葉を田島は、「いつもの退位せざる弁とは少し違つた角度の仰せ」と記しているが、天皇が盛り込んで欲しい「反省」とは、天皇自身の「反省」だけでなく、政府や国民全体の「反省」をも含んでいたのである。ところで、南京大虐殺について「実にひどい」としながらも、「ウス〱聞いてはゐたが、別に表立つて誰もいはず、従つて私は此事を注意もしなかつた」ということは、天皇の言うところの「反省」に入っているのか否か、判然としない。

このようなやり取りを繰り返しながら、田島たちは「お言葉」案を推敲《すいこう》していったが、依然として宇佐美からは「陛下の御弁解のやうな感を与へる[41]」といった批判が出たり、天皇から「条約の信義といふ事は私は強くいひたい[42]」といった注文が出たりで、作業は一進一退であった。それでも三月上旬に至って、やうやく「筋はもうそれでよろしい[43]」と天皇が言うところまでこぎつけた。その際、天皇は「内閣へ相談してあまり変へられたくないネー[44]」と言っている。

三月五日、田島は吉田茂を訪ね、この段階での「お言葉」案を読み聞かせたところ、吉田は「大体結構であるが、今少し積極的に新日本の理想といふものを力強く表はして頂きたい[45]」との注文をつけた。このことを田島から聞いた天皇は、「その方がイ、ネー」との感想を語ったが、その翌日、田島にこのように語った。

あの式典の時のことばについて、吉田がいつたといふ事〔新日本の理想〕は是非入れた方がよいと思ふが、文化国家などゝいへば、再軍備機運の際に共産党など非軍備派の為に悪用されるし、又字の面の上では軍備といふやうな自衛的な事でもいつてはわるいしするから、八紘一宇のやうな何かはつきりしない昔からの文字のいゝのがあるといゝと思ふ。日本書紀か何かの本来の意義では、八紘一宇の正当な解釈は侵略でも軍国でもない。今度のことばの際にいつていゝ様な立派な意味なのが本来の意味らしいが、既に軍閥に利用された以上は勿論此文字は使へぬが、そういふやうな文字はなからうか[46]

「新日本の理想」として「文化国家」は共産党などに「悪用」されるし、軍事的なことは言えないし、「八紘一宇」は本来「立派な意味」のはずだが軍閥に利用されたので使えない、と「新日本の理想」を表現する言葉を天皇は思いつかなかった。反対勢力に利用されないように、再軍備や過去の戦争を連想させないようにと考えれば考えるほど、天皇も田島も八方塞《ふさ》がりになっていった。

天皇と田島・小泉・安倍らの「お言葉」推敲は、その後も難航を続けたが、三月三〇日に至ってようやく「最終決定版」とされるものが出来上がった[47]。五節から構成されている点では前述した年末案と同じだが、あえて要約すれば、第一節が祝意、第二節が戦争への悔恨、第三節が犠牲者への哀悼と過去の反省、第四節が新日本の理想、第五節が留位の表明という構造になっており、理想を語った上で留位が最後に表明される形になった。第二節の部分は、書き込みも含めると次のようになる。

> 　内國民の康福を増進し、外国交の親善を図ることは、もと我國の國是であり、又摂政以来終始変らざる念願であつたにも拘らず、事志と違ふの結果を生じた［も又甚しき事態の發生した、不幸を招来した］。勢の赴くところ、兵を列国と交へて敗れ、人命を失ひ、国土を縮め、遂にかつて無き、不安と困苦とを招くに至つたことは、［遺憾の極みであり、］国史の成跡に顧みて、悔恨悲痛、寝食為めに、安からぬものがあります[48]。

第五節の部分は、このようになった。

> 　この時に當り、身寡薄《かはく》なれども、既往を顧み、世論に察し、沈思熟慮、敢て自らを励まして、負荷の重きに任《た》へんことを期し、日夜只逮《およ》ばざるを恐れ［〈るのみであ〉］ります。希《ねが》くは、共に分を盡《つく》し、事に励み、相携へて国家再建の志業を大成し、以て永くその慶福を共にせんことを切望して已《や》みません[49]。

この「最終決定版」が作られた後も、四月に入っても天皇と田島の推敲作業は続き、憲法や「民主主義」をどう表現するかで部分的な改作が続けられ、四月一一日に田島は吉田に「お言葉」案を見せた。吉田は「今晩一晩見る」と言って文案を持ち帰った[50]。田島は、「お言葉」は、内閣の助言や承認とは関係のないものだと前々から天皇にも吉田にも言っていたが、さらにここでも閣議にかけないように、リッジウェイ（マッカーサーの後任・第二代連合国軍最高司令官）にも見せる必要はないと念を押した。天皇も田島もこれで、吉田から若干の意見は出たとしても、あとは五月三日の講和発効記念式典でこの「お言葉」を天皇が朗読するだけだと考えていたと思われる。

四　「お言葉」作成の第三段階：吉田茂首相による改作要求

四月一一日に「今晩一晩」と言ったにもかかわらず、吉田茂首相からの「お言葉」案に対する返事は一向に来なかった。吉田からの手紙が届いたのは、一六日のことで、その内容は、天皇や田島にとって驚くべきものであった。吉田は、「お言葉」案から第二節の戦争への悔恨を述べた部分を全部削除してくれと言ってきたのである。このことを天皇に報告した田島は、第二節は、「一番出発点の陛下の思召でありまして、田島としましては同意し兼ねます[51]」と述べ、一八日に吉田に直接会って真意を確かめた。その際、田島は「あの節の文書の一句一句どこがわるいかと議論しました処、国民の康福国際の親交が国是であり御宿願であるといふ事は何もさはりはないと〔吉田は〕申しました。其次の、勢の赴く所以下は兎に角戦争を御始めになつた責任があるといはれる危険があると申すのでございます。それは構はんとは申せませぬが、田島としましては、昨年来陛下が国民に真情を告げたいといふ思召の出発点が消えて了《しま》つては困りますといふやうな事で一応分れて参りました[52]」と天皇に報告した。天皇は、田島が記録するところによれば、「いつものたどたどしい御調子でなく、すら〳〵励《れい》声《せい》〔大声〕で」このように言った。

　国政に関係するものがどうしても困るといふ以上は或は已むを得ぬとしても、私は吉田に条件がある。吉田は次に私のいふ事を充分了承するといふか〔中略〕。それは私は実に心配しているのだが、戦争前の状況といふか、大正末期から昭和の始めへかけての社会の有様と最近は非常に似てると思ふ。独乙《ドイツ》が持つ国持たざる国といふ標語で軍人に渡りをつけ、今度ソ連は実業家に商売銭もうけといふ事で渡りをつけてる。そしてそれは日本の一部の人間をその心酔者にして了ふ。一方国会は矢張り其頃と実際少しも変りなく、国家社会より党の事を考へたやうな様子でその言論や実勢力を行ひ、政府側の答弁も責任逃れのやうな事ばかりで慨《なげか》はしい有様は、先《さ》つきいつた頃と少しも違いない。あの頃は血気にはやる青年将校を此等の事情が刺戟して段々さはぎを大きくしたが、今はこれがソ連の手にのせられて共産的になるか、又は反動として右翼的の戦前と同じ様なものが出現するか、世相は誠に私には憂慮すべきもので、その前徴は歴々あらはれてると私は思ふ。吉田は私の認識を充分了承するか。蟻の穴から堤が切れるとか、塵もつもれば山といふ諺《ことわざ》がある。今私はその徴候を充分認める。これは過去の過ちを再びせぬと限らぬ徴候だ。まだ徴候の内に手を打たなければ、そして重病になつては名医も及ばぬ、今の内に警告して何とかすればどうかなると思ふが、時機を失しては駄目だ。私はそこで反省を皆がしなければならぬと思ふ[53]

ここには、戦前のドイツと軍部が結びついたことによる戦争への道と戦後のソ連とそれを受け入れようとする国内勢力を重ねあわせて、「過去の過ちを再びせぬと限らぬ」と見ている天皇の時局認識と強い危機感があらわれている。田島も『拝謁記』にあらためて「最初申上げし時、たしかに御六ケしき御顔遊ばされ、又それなら総理のいふ通りにすれば私は条件があると仰せ出しの御励声は初めて拝す[54]」と記している。

戦争への悔恨の第二節は、天皇にとっては「反省を皆がしなければならぬ」ことの、そしてその「反省」を生かすために自分は留位するという結論を出すための大前提であるので、それを削除することは堪え難いものであった。そのため、諦めきれなかったのであろう。四月二一日には、再びこの問題を取り上げて田島に問い質した。田島も「今日ははつきり不満を仰せになる[55]」と記している。

四月二二日、田島は吉田の意見を容れて、問題の節を削除した「お言葉」最終案を天皇に示した。そして、「国政の責任者である首相の意見は重んぜられなければならぬと思ひます。折角静まつてる退位論の寝た子を起すの心配といふ事でありますれば一層そうかと存じます[56]」と語り、「御思召を一年近く承りながら、今頃こんな不手際に御心配をおかけし御不満かも知れませぬものを御許しを願ひ、誠に申訳ございませぬ[57]」と詫びた。これは確かに田島の失策であった。日頃、「天皇は国政に関する権能を有しない」ので、国政に影響を与える発言はできないと天皇に繰り返し語ってきた田島ではあるが、この「お言葉」問題に関しては、天皇の熱意に押され、「内閣の助言と承認」という手続きを、吉田の事後承認ですますことができると踏んでしまったのである。

「お言葉」をめぐる天皇・田島・吉田の意図には、最初からズレがあった。吉田は、講和条約批准あるいは発効の際に「お言葉」を国民への戒めと激励のメッセージとしたいと考えて提案したものと考えられる。それに対して天皇は、この「お言葉」を自分が退位せず留位することを表明するためのものと捉え、そのために戦争が「事志と違い」「時流の激する所」起こってしまった、それをとどめ得なかったことを自分だけでなく国民全体が「反省」し、戦後、また似たような状況になっているのでその「反省」を生かすようにしたい、生かすようにせよとのメッセージを送ろうとした。田島は、天皇が国民に語り、天皇の「真意」を伝えたいという意思は尊重したが、いかに退位論を誘発させないで、留位を国民に納得させるか、「お言葉」の字句の検討に没頭してしまい、天皇のメッセージの政治性にもかかわらず、政府の助言・承認は必要ないと誤断してしまった。

五　なぜ、昭和天皇は戦争への悔恨と「反省」に執着したのか
――天皇の戦争認識・時局認識

昭和天皇は、何故に戦争への悔恨と「反省」に執着したのか。それは、すでにふれたように、天皇の戦争認識と時局認識（危機感）に根差していた。天皇は、戦前の状況と一九五二年当時の状況を重ね合わせて見ていた。天皇にとっては不本意な「お言葉」を発表した五月三日の式典が済んだ後、一二日に天皇は田島にこのように語っている。

日本人はこういふ性質なのか知れんが、何でも極端に走り勝ちで理性的でなく感情で走り、そうして自分が真理と思つた場合には少しも他を顧みない。自由主義といへば放恣《ほうし》のやうな自由主義迄《まで》い丶と思つたり、忠君愛国といへばその方面の思想にふれた者は皆不忠とか売国奴とかいふ。新聞などでも調子が矢張りそういふ点があるとの仰せ。〔中略〕日本人は、どうも今のやうに常識がないといへば常識がないといふか、附和雷同性が強く誠に困つた事だ(58)

天皇は、毎日のように田島に対して現在の政治情勢に対する憂慮の念を語っている。前の発言の翌一三日にもこのように言っている。

昨夜の夕刊や今朝の新聞を見ると、警視総監辞職とか、破防法反対とか、大体の空気が、秩序

維持しようといふものに攻撃的で、それは行過ぎもあつたかも知れんが、大体政府がこういふ法律を作らうといふやうになつた事を考へずに、何でも反動とか、特高再開とかいふ風にいふのは私はどうも分らん。社会党左派とても共産党とは一線を画してるといつてるのだし、右派は勿論、改進党でも容共とはいつてないのに、野党として一概に政府の取締らんとする目的を承知の上で攻撃斗《ばか》りするのは、言行不一致の政党といふべきだと思ふ。度々いふ通り、戦争前の様子に似てる。独とソと違ひ、軍部と所謂《いわゆる》はき違への民主主義と違ふ丈《だ》けで、中正な意見を持つてる人は多数でも沈黙してるし、又組織もない言論も大体反動といふ風に書くのはどうかと思ふ(59)

田島は、天皇がこういったことを「繰返し仰せ」と記している。天皇は憂慮のあまり、この日、このようなことも語っている。

元の憲法なら、私が真に国を思ふ立場から何とか動くといふ事もあるのだが、今はどうする事も出来ぬし、皆が心ある者が心配しながら、打つ手なしにしてるうちに大事に至るといふ事は軍部にやられた過去の経験だ。どうも心配だ(60)

これは、「象徴」という地位に封じ込められた天皇のあり方に対する不満とも取れるが、「元の憲法」のもとでなら「真に国を思ふ立場から何とか動く」ことができたとの認識は、「下克上」でどうすることもできなかったという日頃の見解と矛盾したものになっている。天皇は、「お言葉」の作成過程で、戦争を止め得なかったことを自分も国民も「反省」すべきと語っていたが、五月二八日、田島にこのように述べている。田島の感想も含めて示す。

兎に角負け惜しみをいふ様だが、今回の戦争はあゝ一部の者の意見が大勢を制して了《しま》つた上は、どうも避けられなかつたのではなかつたかしら。又歴史上に見ても、内部の力の抗争した時、政治家が外国と事を構へたといふ事例もあるが（構へん為ではなくても戦争になる勢であつたといふやうな「負け惜しみではないが」と仰せになりながら稍《やや》「負け惜しみ」より「自己弁護的」な意味で、しきりに勢の赴く所、実に不得已《やむをえざる》ものがあつたといふ事を仰せになる）(61)。

田島の耳にさえも天皇の発言は「自己弁護的」と聞こえたのである。天皇の認識では、戦争は「一部の者の意見が大勢を制して」起こった。そして、前述した日本人の「附和雷同性」が加わり事態を悪化させたということになる。天皇は、自分が何かやろうとしても「下克上」によってそれは実行されなかったことも繰り返し語っている。統治権の総攬《そうらん》者であり日本軍の大元帥であった天皇がどうにもできなかった大日本帝国とはなんだったのか。それは、国家として機能不全を起こしていたということになろうが、その機能不全の原因は、国家機関としての天皇を除外して考えることはできないのである。

本章では、一九五二年五月三日の「お言葉」問題に焦点をあてて、天皇の戦争認識・時局認識について検討してきたが、国際情勢や国内の治安問題、皇室・皇族などに対する天皇の認識、五二年後半以降の『拝謁記』については触れることができなかった。この点については第三章・第四章に譲りたい。

注

（1）「お言葉」の作成経緯について最初に明らかにしたのは、田島の日記と田島家文書の分析を行った加藤恭子氏で、その成果は『昭和天皇と田島道治と吉田茂：初代宮内庁長官の「日記」と「文書」から』（人文書館、二〇〇六年）としてまとめられている。また、本章は、この加藤氏の著作と冨永望氏による『拝謁記』第三巻の「解説」の分析に負うところも大きい。

（2）「お言葉」は、『拝謁記』の中でも「勅語」「おことば」「御言葉」等の表記もあるが、ここでは「お言葉」で統一した。

（3）勅語と「お言葉」の使い分けは、例えば、国会開会式の場合、一九五二年八月二六日召集の第一四通常国会までは勅語としていたが、同年一〇月二四日召集の第一五特別国会からは「お言葉」となったとされている。村上重良編『皇室辞典』（東京堂出版、一九八〇年）二八頁。

（4）宮内庁編修『昭和天皇実録』第十一（東京書籍、二〇一七年）二四一頁。

（5）『拝謁記』第二巻、一六三頁、一九五一年七月一三日の条。引用文中の〔　〕内は山田による補足（以下、同じ）。

（6）同前、一六九頁、一九五一年七月二六日の条。

（7）同前、一七四頁、一九五一年八月九日の条。

（8）同前、一八四頁、一九五一年八月二二日の条。引用文中の……は原文のままで、省略した部分は〔中略〕で示す（以下、同じ）。

（9）同前。
（10）同前、一八四～一八五頁。
（11）同前、一八九頁、一九五一年八月二八日の条。
（12）同前、一九一頁、一九五一年八月二八日（その2）の条。
（13）『拝謁記』第一巻、七二頁、一九四九年一二月一九日の条。
（14）冨永望「解説」、『拝謁記』第三巻、二八七頁及び冨永望『昭和天皇退位論のゆくえ』（吉川弘文館、二〇一四年）一五四～一六〇頁。
（15）『拝謁記』第二巻、二二〇～二二四頁、一九五一年九月一〇日の条、同九月一一日（その1）の条、一九五一年九月一〇日～一一日の条及び『昭和天皇実録』第十一、二五五頁。
（16）佐々木隆爾『現代天皇制の起源と機能』（昭和出版、一九九〇年）七一～七二頁。元来の情報は、九月一九日付英国駐日連絡機関参事官ジョージ・クラット発英国外務省宛の電報。
（17）『拝謁記』第二巻、二二四頁、一九五一年九月一九日の条。
（18）同前。
（19）同前。
（20）同前、二三九頁、一九五一年一〇月五日の条。
（21）同前。
（22）『拝謁記』第三巻、一二頁、一九五一年一一月一一日の条。
（23）同前。

(24) 同前、一三頁。
(25) 同前、一〇頁、一九五一年一一月九日の条。
(26) 同前、一四頁、一九五一年一一月一九日の条。
(27) 同前、二四頁、一九五一年一二月一三日の条。
(28) 同前。
(29) 同前、二六頁、一九五一年一二月一四日の条。
(30) 同前。
(31) 同前、二九頁、一九五一年一二月一七日の条。
(32) 同前。
(33) 同前、三九頁、一九五一年一二月二四日の条。
(34) 同前、二六四〜二六五頁所収、「おことば案イ」。
(35) 同前、二六四頁。
(36) 同前、二六四〜二六五頁。打ち消し線が引いてある部分は削除した。
(37) 同前、五五頁、一九五二年一月一一日の条。
(38) 同前。
(39) 同前、八四〜八五頁、一九五二年二月二〇日の条。
(40) 同前、八五頁。
(41) 同前、八九頁、一九五二年二月二六日の条。

(42) 同前、九一頁。
(43) 同前、一〇七頁、一九五二年三月四日の条。
(44) 同前。
(45) 同前、一〇九頁、一九五二年三月五日の条。
(46) 同前、一一二頁、一九五二年三月六日の条。
(47) 同前、二七四〜二七五頁所収、「おことば案チ」。
(48) 同前、二七四頁。打ち消し線が引いてある部分は削除した。
(49) 同前、二七五頁。
(50) 同前、一六四頁、一九五二年四月一一日の条。
(51) 同前、一七二頁、一九五二年四月一八日の条。
(52) 同前、一七二〜一七三頁。
(53) 同前、一七三頁。
(54) 同前、一七五頁。
(55) 同前、一七五頁、一九五二年四月二一日の条。
(56) 同前、一七八頁、一九五二年四月二二日の条。
(57) 同前、一八一頁。
(58) 同前、二〇八〜二〇九頁、一九五二年五月一二日の条。
(59) 同前、二一二頁、一九五二年五月一三日の条。

（60）同前。
（61）同前、二三三頁、一九五二年五月二八日の条。

第三章　昭和天皇の戦争認識（Ⅲ）

本章では、『拝謁記』の第四巻から第五巻、一九五二年から田島道治が宮内庁長官を退任する五三年一二月までを分析する。

一九五二年四月に講和条約が発効して日本は独立を回復したが、同時に日米安保条約も発効して、二月に調印された日米行政協定のもとで国会の承認手続きなしに米軍への基地提供が行なわれるようになるなど、独立後のアメリカへの従属性もはっきりと可視化されるようになった。継続する朝鮮戦争下で、レッドパージもさらに強まり、それに抗する社会運動は急進化した。五二年五月以降、「血のメーデー事件」「吹田事件」「大須事件」など街頭でデモ隊と警官隊が激しい衝突を繰り返した。こうした状況に対して吉田茂内閣は、破壊活動防止法・公安調査庁設置法を公布して運動を力で押え込もうとした。また、この頃から追放解除によって政界に復帰してきた鳩山一郎や岸信介らは、はっきりと「反吉田」を掲げて活動を活発化させていた。一〇月の総選挙では、三五議席を有していた共産党がすべての議席を失う一方で、鳩山らの追放解除組一三九名が当選するなど、議会内の力関係が大きく変わりつつあった。

このような激動する状況下で、天皇は国内政治に対してどのような認識を有していたのか。この時期に田島に語られた天皇の国民観・憲法観・アジア観・アメリカ観はどのようなものであったのか。さらには日本の改憲・再軍備についてどのように天皇が考えていたのかを明らかにしていきたい。

一　「国が亡びるのではないか」――国内政治に対する天皇の認識

一九五二年三月二六日、天皇は講和発効以前に実現できず、懸案となっていた北海道行幸について、「それから北海道の事だが、此間の田中〔敏文〕知事の話は、林〔敬三・警察〕予備隊総監や斎藤〔昇〕国警長官の話に比べれば、稍《やや》楽観のやうであるが、北海道は今年は行かれぬのか」〔1〕と田島道治に聞いている。天皇は、三月一八日に、十勝沖地震（三月四日）の被害状況の報告に来た田中北海道知事と会っており、〔2〕『昭和天皇実録』には記されていないが、その際に田中から北海道の治安状況についても聴取していたようである。田島ら宮内庁幹部は、北海道はソ連軍の空挺部隊などが配備されている樺太《からふと》から近いといったことや、道内の左翼勢力の活動を理由として行幸を先のばしにしていた。この時も田島は、「青函間《せいかん》の海はどうも危険のやうに感じまする」と答えているが、天皇は、「北海道が一つ残されたといふ事と、行けば共産化に対する防御になるといふ点で行きたいと思つてる」[3]と、これまでもしばしば語っていたように、天皇行幸が「共産化に対する防御」という政治的効果があることに自信を示している。

なお、北海道の治安状況については、二月一日に天皇が、田島と侍従次長・稲田周一に「実情と対策を聞きたい旨」を伝えており[4]、そのために北海道を視察中だった国家地方警察本部長官・斎藤昇が帰京し、二月一八日に天皇に北海道の治安に関する「進講」を行なっている[5]。

天皇は、日本人がソ連に入国することにも神経を尖らせていた。緑風会所属の参議院議員・高良《こうら》とみが、モスクワ国際経済会議にオブザーバーとして出席のため、日本人として戦後初めてモスクワに入ると、四月九日に天皇は田島に次のように語っている。

　あのたから《高良》ネー、新聞で見ると、との仰せ。一寸解し兼ねしも、高良《こうら》でございますか。ウンこうらといふのか。あれは入ソしたことは大した事ではないが、帰つた後の言動といふものが変なことをして貰ひたくないと思ふがネー。松岡〔洋右《ようすけ》〕はあれだけ老練……といつては語弊があるが……何といふか外交の面で馴れてた人も、独乙から帰つた時王侯のやうな好遇を受けたといつたきり、何をきいてもいはないんだよ。侍従長は直接聞いたか、或はそういふ風に思はれる事をきいたかしらんが、それによればシンガポール攻撃を《ママ》〔の〕言質を与へたのではないか。少くも個人としては賛成だ、国としては知らぬ位の事はいつたのではないかとも想像はされるが……。

それは兎に角、外国で好遇されるとつい其国のひいきになるものであるが、松岡でもそうだから高良なんかも……、それに歴史の証明するところでは、ソ連といふ国は何をするかわからない。〔あと〕一年中立不可侵条約があつたにもかゝはらず、日本が仲裁を頼んであつたにもかゝはらず宣戦して来るといふ国だ[6]。

天皇は松岡洋右がドイツに行って好遇されてドイツびいきになり、日本によるシンガポール攻撃の言質を与えたのではないかと推論しつつ、高良とみの帰国後の言動を心配している。そしてソ連は「何をするかわからない」と強い不信感を示した。四月三〇日にも天皇は「今日又新聞で見ると、二人〔帆足計《ほあしけい》、宮腰喜助《みやこしきすけ》の国会議員二人〕ソ連へ入つたやうだが、私はどうも時世が心配だがネー[7]」と語っている。天皇の憂慮の源は、前章でも示したように、現下の政治状況が戦前のそれに似ているとの時局認識にあった。同日、天皇は田島にこう語っている。

此前〔戦前〕の反英米の気分に乗つて、独乙といふものに軍人といふ組織をもつたものが結びついて右翼とつらなつて、心ある人が沈黙して、多数の意思でもない事がずる〳〵と出来ていつた。今度も反米思想が此際あるのに乗つて、ソ連といふものに、労働者といふ、矢張り組織をもつたものが結びついて左翼の運動をして、一般人は共産主義をきらひ、心あるものも賛成してないと〔大多数は〕思ふが、断然立つて反対するのは小泉〔信三〕位のもので、矢張り沈黙するといふ丁度同じ事をやるので心配で仕方ないがネー〔と先日来の御憂国の御言葉。拝聴する外なく[8]〕。

天皇は、共産主義に対抗するために自由党（吉田茂）と改進党（重光葵）が「保守合同」するか、社会党が保守的政党になるか、いずれかを望んでいた。例えば、五月八日に次のように語っている。

今日の新聞を見ると〔社会党の〕左右の統一といふやうな事が出てるが、一所になつたら左派に押されるだらうから困る。右派がもつとしつかりしてくれねばと思ふ。又〔三谷隆信〕侍従長もいつてたが、改進党がもつとしつかりして、保守の連繋をやれば若干は社会党へ走るかも知れぬが、保守合同となれば強くなると思ふ。然しこれも中々六《むつ》ケ《か》しい情勢にある。実に政治上の情勢は困つたものだ（エ、エ、そうでないかと此点非常に御憂慮にて、しきりに同感する事を求められるやうに仰せあり。結論として困る情勢たる事は確かである）との仰せ。保守が一党になるか、吉田のいふ堅実な労働党として社会党が保守的政党になるか、何れかになつて欲しい。去りとて社会党の統一問題は中々六ケしいらしい云々御話(9)

社会情勢の激動と国会での保守政党の内紛を目の当たりにして、天皇は次第に「国が亡びるのではないか」と言うまでの危機感を抱くようになり、そのために天皇自身が何かできるのではないかと考えるようになる。六月二四日における田島とのやり取りは次のようなものである。

〔天皇〕エーッ、国会の有様はどういふ事だらうネと最初より御感慨の御様子。日本が再建する為には此際は挙国一致であるべきだと思ふに、国の前途など少しも考へぬやうな風に、党利党略に専念してるやうな国会の有様は、民主化とか、憲法改正とかいふが、少しも戦前の議会のわるかつた処は改まつて居らない。これでは国会政治に失望する人が出るのは当然ともいへるので、それが昔は軍部の台頭の結果を生んだが、それは軍人が独乙にだまされたのだと同じ様に、今では組織労働者や学生を共産ソヴィエットが丁度独乙と同じ立場でやつてる。之では国が亡んでもいゝと国会は考へてるのかともいひたくなる位だとて、議会の現状に憤慨した往年の軍の一部、独乙—軍閥—戦争—敗亡といふやうに今の国会の有様に憤慨して学生、労働者—ソ連—共産党—戦争—敗亡といふ余りに相似的な事に目をさまさぬのはどうした事かとの、〔田島〕先達来の一貫した「おことば」の時の「反省」を強調遊ばされし御信《ママ》〔軫〕念を又数回御繰返しになり、何とか、陛下として手を打ちたき御心持と、それは出来ぬ現在の憲法の規定では致し方ないが、国の亡びゆく経路を傍観出来ぬとの御心持を拝して誠に恐懼《きょうく》す。陛下は政治上には御関係なき御立場故、陛下としては何も遊ばす事は出来ませぬ旨を例により申上ぐ。〔天皇〕それは分つてるが、国がこんな事では亡びるのではないかといふやうな仰せ。[10]

天皇の憂慮は、例によって戦前のドイツ・軍閥・戦争という状況が、戦後のソ連・共産党・戦争という状況に酷似しているという時局認識から発したものである。そして、こうした状況に政党政治家が、これまた昭和初期と同じように党利党略に明け暮れ、対処できていないので、自分に何かできることはないかと天皇は焦慮《しょうりょ》しているのである。

二　天皇には発言権があるべき――天皇の憲法観

天皇の「国がこんな事では亡びるのではないか」という切迫した思いは、日本人の国民性に対する天皇の危惧に基づいている。一九五二年一一月二七日に天皇はこのように語っている。

西洋にはキリスト教的の思想といふものが兎に角あつて、神の為に正義の為にといふ様な社会上の目安があるが、日本の今日は国民に共同の信念といふものがない。忠君愛国といふものを利用して行過ぎをやつたのが日本の過去の失敗だが、忠君愛国そのものゝ適当の範囲ならばそれはわるい事ではない。行過ぎがわるいのだ。今は平和とか、民主とか、自由とかいふ美名で、案外祖国の防衛も忘れ、放縦を自由と思ひ、民主々義といつて、得手勝手をいふといふ今日の有様は、私は実にどうかと思ふ。美名に隠れて本質がなく、弊害が名前のみの、実なき行過ぎといふか何といふか、誠に心配に堪へぬ。吉田にも此事を何とか心配だと伝へても貰ひたい位だとの意味にて御慨嘆《がいたん》の御様子。〔中略〕実は私は弊害ない程度で教育勅語のやうなものはあつた方がいゝと思ふのだが……との仰せ。(11)

現在の日本人には「共同の信念」がなく、自由や民主主義をはきちがえていると嘆き、かつて「忠君愛国といふものを利用して行過ぎをやつたのが日本の過去の失敗」だと認識しながらも、やはり「教育勅語のやうなものはあつた方がいゝ」としている。「共同の信念」の再構築を「教育勅語のやうなもの」に求めようとしたということになるが、教育勅語の核心部分は「忠君愛国」にあったわけで、これを「行過ぎ」ず、「適当な範囲」にとどめる術《すべ》を天皇は、歴史の教訓からどのように学んでいたのであろうか。

一九五三年になっても天皇の憂慮はおさまらず、依然としてしばしば、現状を昭和初期と類似していると語っている。そして、一月一四日には、政界の現状に対して、「今の自由党なども、国家といふよりは党略に重きを置くやうだし、又それ以上個人の利害に関係してるやうに思はれる。〔中略〕石橋〔湛山《たんざん》〕を通産相にでもして、〔小笠原三九郎〕通産相を農相にして、〔広川弘禅《こうぜん》〕農相でも幹事長にでもすれば自由党はまるく行くかも知れんと思ふ(12)」などと、自分なりの吉田政権安定策を田島に語ったりしている。

当時、自由党の内部には、鳩山一郎を中心とした反吉田派が活動を強め、議会における吉田の「バカヤロー」発言もあり、野党三党が提出した吉田内閣不信任案は、自由党内反吉田派の同調によって可決され、吉田は、三月一四日に衆議院を解散した。保守政党の対立・内紛にさらに危機感を強めた天皇は、「バカヤロー解散」の直前の三月一一日、「旧憲法でもどうかと思ふが、新憲法ではとても出来ないが、私が思ふに、真に国家の前途を憂ふるなら保守は大同団結してやるべきで、何か私が出来ればと思つて(13)」と語り、総選挙翌日の四月二〇日（まだ開票結果が発表されていない段階）にも「選挙はどうなるか知らぬが、吉田と重光と連絡してやるとい丶と思ふ。私が一口いへるとい丶のだがなー」と言っている。田島が「陛下は政治上には何事も仰せになります事は出来ませぬので残念でございます」と応えると、「それは分つてゐるが一口私がいふのが一番い丶のだがネー」(14)と重ねて語った。とにかく、自分が何かしたい、吉田と重光に「大同団結してやるべき」との自分の考えを伝えたい、と天皇は田島にほとんど毎日、繰り返し語っている。田島もその都度、それは政治に関わることになるので無理であると答えているのだが、それでも天皇は言い続けている。

四月一九日の総選挙の結果は、自由党（吉田派）一九九、改進党七六、左派社会党七二、右派社会党六六、自由党（反吉田派）三五、労農党五、共産党一、諸派・無所属一二（全四六六議席）という結果となり、自由党は吉田派・反吉田派全体で二三四議席を得たが、吉田派だけでは過半数を取れなかった。二一日に勢力分野が判明した段階での天皇と田島のやり取りは次のようなものであった。

〔天皇〕それから選挙の結果だが、絶対多数を自由党がとれなかつたが、此際どうしても国の為に安定は必要だから、吉田が改進党と連立内閣を作るが一番い丶と思ふ。緒方〔竹虎・自由党幹事長〕は重光とわるいかも知れぬが、それは繆斌《みようひん》問題〔大戦中の対中国工作〕の事もあるかも知れぬが、この大事の時期にそれにこだわつてはいかんとの意味仰せあり。次には重光が内閣を組織して自由党が外部から後援するといふ事も考へられる。之は吉田が過半数でないからといふ事だが、それでなければ吉田が単独で政権をとつて又解散するといふ事だ。又別に考へれば社会党に政権を譲つてその手で何れ解散といふ事も考へられるが、第一の連立が一番よいと思ふ。田島は緒方と懇意故、一寸これをそうといはずに伝へてくれとの旨仰せあり。〔田島〕ハイ、何とか一度緒方にあひませうと申上ぐ。〔天皇〕そう何とか房之助と仰せあり。〔田島〕久原〔房之助・元逓信大臣〕でございますかと申上ぐ。〔天皇〕ア、久原あれと広川〔弘禅〕のおちたのは愉快だネーとの仰せ。〔田島〕御同感でございます。〔天皇〕都会はあゝいふ風に反応して広川は落ちるが、地方では比較的鳩山派が出てるネーとの仰せ[15]。

天皇は、吉田（自由党）が重光（改進党）と連立政権を作るのが「一番いゝと思ふ」として、このことを自由党幹事長・緒方竹虎に、田島から伝えてくれと要望し、田島も「緒方にあひませう」と応じている。宮内庁長官である田島がわざわざ出向いて行って語れば、それが天皇の意思であることは、緒方には当然わかることであろう。それにしても、久原房之助や広川弘禅の落選を「愉快だネー」とか「地方では比較的鳩山派が出てるネー」といった率直な感想に、天皇の国内政治への入れ込みようが見て取れる。

なおその後、五月五日には、重光が吉田に接近しようとしないことに天皇が憂慮の念を示しているのに対して、田島は、「先日御話の事は陛下の仰せとか御思召などといふ事は絶対に出ませぬやうにして、或程度迄二、三の者を通じて政府当局と申しますか吉田の耳に達するやう取斗《とりはから》ひました[16]」としている。天皇の度重なる意図の伝達要求に、田島も具体的な手を打たざるを得なくなったようである。

だが、田島は政治に介入する意図をはっきりと示すようになった天皇に対して、五月一八日にあらためて「今日天皇は新憲法で政治外交は陛下の遊ばす事ではありませぬから……」と釘を刺したが、天皇は「認証をしないといふ事がある」（首相の任命をしないこともできる）と応じたのである。田島は驚き、「憲法の条文も内閣の助言と承認により陛下の国事として御行為を願ふだけの事故《ことゆえ》それは出来ませず、それは大問題になります故、此際は矢張り御静観願ふより外ないと存じます」と言ったところ、天皇はなおも「まア、認証といふ事をしないといふ事はあるが」と言い続けた。さすがに田島も「（これは中々大変と思ひ）いえ、首相のは認証でなく親任でありまするが、之は議会で定めましたものを形式的に御任命になりますので之はどうも出来ませぬし、又認証にしましても認証なさらぬといふ事も六ケしいと存じます故、この際はどうもすべき事はないと存じます[17]」とかなり強く諫めざるを得なかった。天皇が何故にこれほどまでに政治に介入しようとするのか、これは単に天皇の危機感ということだけでなく、天皇の憲法観に根本的な原因があることをこの後、田島は知ることになる。五月二〇日、天皇と田島は憲法について次のようなやりとりをしている。

〔天皇〕私など旧憲法改正の必要はないと思った次第で……との仰せ。〔田島〕ハイ、松本〔烝《じょう》治《じ》〕博士、美濃部〔達吉〕博士なども同意見であったと存じますがと申上げし処、〔天皇〕幣原《しではら》〔喜重郎・元首相〕もその意見であつた。私など旧憲法でもある程度は新憲法と同じ精神でやつたのだが……もし終戦の時の様な場合が起きても私に何の発言権もなければどうなるかと思ふ。憲法でも明治の旧も今度の新も実際面に即しては同じであつていゝのだが……との仰せ〔田島〕（吉田、重光に一口私がいへれば……との仰せの出る根元茲《ここ》にありと感得す[18]）。

天皇は、憲法が新旧異なっていても、「実際面に即しては同じであつていゝ」と考えており、天皇の発言権は留保されるべきであるとみなしていたのである。天皇はいわば危機管理機関として、緊急の場合に発言・行動できる存在であるはずだという理解である。

三　天皇のアジア観・アメリカ合衆国観と松川事件

一九五〇年六月に始まった朝鮮戦争は、激戦と膠着を繰り返し、朝鮮半島全域を焦土にした末に、五三年七月に板門店《はんもんてん》で休戦協定が調印された。朝鮮戦争に関連して天皇は、田島に様々なことを語っている。そこには、天皇のアジア観やアメリカ観などが示されているものもある。例えば、朝鮮戦争休戦の兆候が出てきたと伝えられたことに対して、一九五二年七月一一日、天皇は満州事変以来の自らの経験から、中国との和平交渉について次のように語っている。

私は、支那人といふのは面子《めんつ》の為か何か知らぬが、真正面から話してはうまく行かぬ国民と思ふ。満洲事変の時の馬占山《ばせんざん》〔中華民国の軍人〕でもそうであつたし、錦州《きんしゅう》で長城線を越す越さぬといふ時もそうであつたし、又〔第一次〕上海事変のある時機もそうであつたが、いつでも停戦とか休戦とかいふ時にはこちらが強く出なければ駄目で、休戦の相談故《ゆえ》余り軍〔戦《たたかわ》〕せぬやう仕向けて、は迚《とて》も見込なし。逆に戦はぬつもりをい、事にして攻めて来るといふ様な事がある。

そこで支那の軍隊と停戦するには左に匕首《あいくち》を擬して右で平和の手段を講ずるの外はないと自分は経験上そうだと思つてる。但し一方的情報によつてそうだと結論してるのだから或は間違つてるかも知れぬが、どうも私には確かにそうだと思ふ。吉田は軍事の智識は少しもないが、軍事的に見ると中国との関係に於てはどうもそうではないかと思つてる。今度休戦の話合がやゝよくなつたのは、水豊《すいほう》発電所爆撃と時《ママ》の関係はどうかと松井〔明、総理大臣秘書官〕に聞いたのよ。そしたら確かに水豊爆撃のあとで休戦の気分が出て来たといつたが、そうすると私の所信を愈《いよいよ》固めると思ふとの、御得意の御議論らしく繰返し仰せあり[19]。

天皇は、「支那の軍隊と停戦するには左に匕首を擬して右で平和の手段を講ずるの外はない」と言い、朝鮮戦争で休戦の気運が出てきたのも、米軍による水豊ダム・発電所爆撃（六月二三日）が北朝鮮・中国に脅威を与えたためだろうと語っている。戦争・戦闘で中国を相手にする時は、強く出ないといけないという天皇の認識は、かつての日本軍部の認識とほとんど変わらないものである。だが、この時は、朝鮮戦争は休戦には至らず、およそ一年後に実現することになる。

一九五三年になり、朝鮮戦争の休戦交渉が行なわれていた六月二四日、天皇と田島は次のようなやりとりをしている。

〔田島〕朝鮮問題は困りました事でと申上げし処、〔天皇〕朝鮮は常にいづれかに隷属してた国民だから、どうも武か何か圧力で行くより仕方のない人種だよ。日本も鴨緑江《おうりよくこう》でやめておくべきであつた。軍人が満洲、大陸と進出したからこういふ事になつたとの仰せ。〔田島〕たとひ満洲、中国と進出致しましても、支那の華僑のやうな実業勢力だけで軍の力のないもののみにすべきだつたと思ひますがと申上げし処、〔天皇〕朝鮮もそうだが、アメリカといふ国もまだ若い処がある。それでも今日は余程成長したと思ふ。今日だけの成長を其後の経験によつて得たから随分成長した。今日だけの成長を太平洋戦争の時にしておつたら或は戦争を防止して適当に妥協的にまとめたかも知れない。英国は成長した国で老巧《ろうこう》であるが、然しこれは実力が落ちた。そこへ行くとソ連は米国より上手だ。その上手のソ連が朝鮮が変になると出て来る。中共ならばまだいゝが、ソ連と直接境を接するやうな関係になると日本は余程しつかりしないといけない。朝鮮は困つた旨の御話あり。[20]

天皇は、主として北朝鮮のことを念頭にしていると思われるが、「朝鮮は常にいづれかに隷属してた国民だから、どうも武か何か圧力で行くより仕方のない人種」と言っている。また、「日本も鴨緑江でやめておくべきであつた」という言《げん》は、日本が満州に勢力圏を広げたことへの悔恨であるが、裏返せばそれは「韓国併合」以後の朝鮮支配までは良かったという認識であることを示している。前述の「支那の軍隊と停戦するには左に匕首を擬して右で平和の手段を講ずるの外はない」という中国認識と併せてみると、アジアに対しては武力・圧力をもって対応するほかないということであろう。

他方、アメリカ合衆国に対しては、「まだ若い処がある」としながらも、「随分成長した」と評価し、「今日だけの成長を太平洋戦争の時にしておつたら或は戦争を防止して適当に妥協的にまとめたかも知れない」と、あたかも米国が妥協的でなかったために戦争になったかのような言い方をしている。中国からの撤兵問題などで断固として妥協しなかったのは日本側であったことを、当事者であった天皇も忘れたわけではないはずだ。

なお、天皇と田島とのやりとりで、二人がともに朝鮮問題を「困った」としているのは、おそらく休戦となったら、それはそれで様々な難問が出てくることを予想していたからである。このやりとりがあった直前、六月一七日に天皇はこのように語っている。


昨日岡崎〔勝男・外相〕にきいたのだが、朝鮮〔戦争〕休戦の問題は、成立してわるいとはいへる事ではないが、実はい丶かわるいか、中々六ケしい点が今後に起ると思ふ。中共貿易とか進んでは〔中華人民共和国の〕承認とか、台湾の事とかいろいろあると思ふが、それらに就《つい》ての対策を具体的にはちやんとしてないようだ。きかうかと思ふたが、外務大臣だからやめたがどうも心配だ。内灘〔基地への反対運動〕の問題も、随分京都の先年の全学連の連中とか労働者とかが日共的に介在して居るらしいとの話もしてたが困つた事だとの旨仰せ。[21]

戦争状態でなくなれば、中国との貿易などで関係が深まり、それに乗じて中国から共産主義勢力が影響力を強めてくるとの懸念である。六月二日にも天皇は、「中共貿易の私の恐れるのは、船の着発と共に共産系の事が色々と入るのではないか[22]」とも語っている。

前述したように、戦前においてアメリカ合衆国が「成長」していたら戦争は防止できていたかもしれないと天皇は語っているのであるが、日本側が非妥協的であったことに対してはどう考えていたのか。一〇月一四日の田島とのやりとりの中で、天皇の認識が示されている。

私も随分軍部と戦つたけれども、勢あゝなつたのだが、その事を私が今国民に告げて二度繰返さぬやう、その時の軍部は軍部あつての国家日本といふ考へであつたやうに、今労働者は組合あつての日本といふやうな考へでは困るし、前田〔多門《たもん》・元文相〕にも一寸いひ、又田島もいつてたやうに、政党あつての日本といふ考へ方で日本の政党といふ考へがなくては困る。此事を戦争に至る迄の軍部と私との関係など、国民に今話したいのだが、勿論それは出来ぬ事は承知だが、国の前途の為心配だとの旨仰せあり。(23)

天皇は、一九五二年五月三日の「お言葉」で意を尽くせなかったことで、自分の真意を国民に伝えたいとの思いを、「勿論それは出来ぬ事は承知だが」と言いつつも、改めて田島に吐露した。天皇は、「私も随分軍部と戦つたけれども、勢あゝなつた」と語り、「勢」を作ったのは「軍部あつての国家日本といふ考へ」の軍部であり、あくまでも自分はそれと戦ったものとしている。

しかし、この天皇の発言に対して田島は、次のように応じている。

如何に御本心反対であつたといふ事は判明しましても、形式的には宣戦の詔勅〔詔書〕は陛下によつて発せられました事故《ことゆえ》、政治の実際の事の分りませぬ者は陛下の御決断がそこにあつたと信じまする事は当然であり、田島の如きも開戦に至るまで戦争になれば大変だなーと心中思ひ居りましたが、一旦詔書渙発《かんぱつ》されますれば承詔必謹の昔の精神で、八日には詔書を捧読致したものであります。陛下の為に一命を捧げるとの信念で戦死しました者の遺族などには形式的の事がどうしても抜けませせぬ。そういふ仰せを今仮りに遊ばす事が出来ると致しましてもなさつてはならぬ事かと存じます。[24]

田島は、たとえ天皇が本心では戦争に反対であったとしても、宣戦の詔書を出した以上、「陛下の為に一命を捧げるとの信念で戦死しました者の遺族」の思いを考えれば、実は戦争は天皇の本意ではなかったというようなことは言うべきではない、とはっきりと天皇に諫言《かんげん》したのである。

ところで、戦前において統治権の総攬者であった天皇は、戦後になり立場が変わったものの閣僚クラスから直接、重要情報が伝えられることもしばしばであった。例えば、一九五三年一一月一一日の『拝謁記』には、松川事件（一九四九年八月発生、この当時裁判中）にも触れた形で次のような記述がある。

あの、今岡崎〔勝男・外相〕に色々話をきいて、一寸岡崎にもいつたのだが、勿論岡崎も同意でも返事は出来ぬと思ふが、私は日本としてはどうしても米国とはよくしていかねばならないと思ふが、どうもアメリカ側の過失……一寸〔犬養健〕法務大臣にきいたが、松川事件はアメリカがやつて共産党の所為《しわざ》にしたとかいふ事だが（田島初耳にて柳条湖事件の如き心地し、容易ならぬ事と思ふ）、これら過失はあるが汚物を何とかしたといふので、司令官が社会党に謝罪にいつてるし、日韓関係の事もアメリカは骨折つてるし、奄美大島は返すし、沖縄は先日の国体にも出るやうな事を沖縄に対してもしてるし、してるのは自国の為といふ事は勿論あるが、日本の為になつてるは確かだ。之に反してソ連は千島を未だ返さず、万事ソ連はひどいのに、此両方の対照的にも関らず、平和の美名の為に迷つて、日本は親ソ反米の空気が相当ある事は慨《なげかわ》しい事だと思ふ。此反米感情を和げ、正当に日本はアメリカと仲よくやつてく事が必要だと思ふに、ソ連や中共側の宣伝に躍らされてるのは困つた事だ。之に対処する宣伝等、人心をひつぱる事をせねばならぬと思ふとの旨御仰せり（いつもの仰せ御尤《ごもつと》もながら六ケしき事。但し今日一寸承りし事実ならば、之は米国又日本の親米の立場には非常に困る事と思ふ旨一寸申上ぐ）[25]。

天皇の発言は、岡崎外相と犬養法相から聞いた話が交錯しているが、犬養は「松川事件はアメリカがやつて共産党の所為にした」旨を天皇に報告したようである。『昭和天皇実録』では一一月九日に「午後、表拝謁の間において、法務大臣犬養健より認証官任命に関する内奏をお聞きになる」[26]とだけ記されており、その際かどうかは確かめられないものの、この時期に犬養が松川事件について天皇に報告したことは状況からも推察できる。

つまり、この時期は、松川事件の第二審（仙台高裁）における審理が一九五三年七月二三日に終了し、判決を待っているところであった。判決期日はいったんは一一月五日とされていたが、裁判長は一〇月二八日になって判決を一二月二二日に延期すると決定していた[27]。一九五〇年一二月の第一審（福島地裁）判決は、死刑五名・無期懲役五名など被告二〇名全員が有罪とされていただけに松川事件被告・家族に対する支援・救援運動が全国的に広まり、五三年一〇月二六日には広津和郎《かずお》・宇野浩二・志賀直哉《なおや》・川端康成・吉川英治・武者小路実篤《さねあつ》・井伏鱒二ら作家九名が公正判決を要求する書面を裁判長に提出するなど、第二審の判決に注目が集まっていた。

こうした状況の中で、犬養法相は天皇に松川事件について「アメリカがやつて共産党の所為にした」と語ったのである。だが、田島が、「初耳にて柳条湖事件の如き心地し、容易ならぬ事と思ふ」、

「今日一寸承りし事実ならば、之は米国又日本の親米の立場には非常に困る事と思ふ」と憂慮の念を記しているのに対し、天皇はアメリカ合衆国にはそのような「過失」はあるものの、「反米感情を和げ、正当に日本はアメリカと仲よくやつてく事が必要」と語り、「ソ連や中共側の宣伝に躍らされてるのは困つた事だ。之に対処する宣伝等、人心をひつぱる事をせねばならぬと思ふ」としていて、松川事件の真相と米国の謀略活動についてはほとんど関心を示していない。むしろ、このような「過失」もあるが、米国との関係こそが重要だ、という天皇のアメリカ合衆国観をはっきりと示したやりとりとなっている。

四　天皇の早期改憲＝再軍備促進論

講和発効以前から天皇は田島に対して改憲・再軍備についての自説を語っていた。一九五二年二月一一日、天皇は、「私は憲法改正に便乗して外のいろ〳〵の事が出ると思つて否定的に考へてたが、今となつては、他の改正は一切ふれずに、軍備の点だけ公明正大に堂々と改正してやつた方がいゝ様に思ふ(28)」と再軍備のため一点にしぼった改憲論について述べた。そして、二月一六日には、このことを吉田茂首相に伝えたい、と田島に語り、田島は「口止めの方よろしい旨(29)」を答えているが、それでも「吉田首相に手紙を書きました時、再軍備論の事を一寸ふれました」とも言っている。

しかし、諦めきれない天皇は、二月一八日にも「吉田には再軍備の事は憲法を改正するべきだという事を、質問するやうにでもいはん方がいゝだらうネー[30]」と田島が恐縮するほどの言い方で、吉田に伝えたい意思を表明した。さすがの田島も、これ以上強く止めるわけにはいかず、「特に御召しはいけませんと存じますが〔吉田が天皇のもとへ〕上りました節に、大分国会で再軍備問題で議論があるやうだが一体どうかといふ程度の、陛下の御考を仰せになりませぬ形で御質問になる程度はおよろしいかと存じます[31]」と言わざるをえなかった。だが、天皇は国会さえ通れば憲法は容易に改正できると考えていたようで、国民投票が必要であることを田島から聞くと「そんなものが入るか[32]」と少々驚いている。

ところで、再軍備に際しては、新日本軍の司令官はどうするかという問題について、かつて警察予備隊の司令官については、天皇は「それは元首象徴だらうネー[33]」と当然、自分が就くべきものと語っていた。一九五三年三月になって経済学者・渡辺銕蔵《てつぞう》が田島のもとに渡辺自身の近著『憲法改正の要点』を送ってきて、三月二日に田島は自分が読んだ上で天皇にこの本を献上した[34]。天皇は、この本を読んだようで三月一三日に次のようなやりとりがあった。

〔天皇〕渡辺銕蔵の再軍備の本よんだとて御返しになり、統率権が首相だが、〔源〕頼朝〔の鎌倉〕幕府になるネー。元首がもつべきものだが前例がわるく、軍人が元首を利用する故で反対されるが、正常の有様ならむしろいゝ、との旨御話あり。〔田島〕只今はその余地ありませぬ。新に軍備整つた上の問題かと存じますと申上ぐ(35)。

やはり天皇の関心は、「統率」＝統帥権にあり、首相が司令官となると「幕府になる」、統帥権は「元首がもつべきもの」だが、軍人が元首を利用したという「前例」が悪いので反対されるが、「正常の有様ならむしろいゝ」との見解を示した。統帥権は元首が保持すべきもので、日本の場合、昭和天皇が言うところの「元首象徴」が保持しないと、「幕府」が生まれてしまうという理解である。

田島は、統帥権は「元首がもつべきもの」という議論に天皇が乗ることを従来から心配していた。およそ一年前、五二年二月一六日にも、田島は天皇に次のように語っている。

統率権が天皇にある方本当はよきも、それは理論で、従来の経緯上と弊害とを考へて絶対に之は不可と申上ぐ。陛下も御了承にて、其点は余程注意を要するとの仰せ故、解除の軍人等拝謁の際、或は統率権は陛下にと申上ぐる事があるかも知れませぬが、充分御用心の事も申上ぐ(36)。

ここでは天皇も「其点は余程注意を要するとの仰せ」と記しているが、天皇がそちらに傾斜しがちであることは確かで、案の定、一年後のやりとりでも天皇は元首が統帥権を保持することを良しとしていたのである。

再軍備問題について天皇は次第に吉田を批判するようになる。一九五三年七月一四日、天皇と田島は次のようなやりとりをしている。

〔天皇〕〔吉田首相は〕あくまでも再軍備は経済力が許さない一本調子だが、私はM．S．A〔相互防衛援助協定〕を受ければ吉田のいふ国力の負担はなくなるのだから、あまり行きがかりに拘泥《こうでい》しないで再軍備するのだ、然し憲法の改正が六ケしいからといふ風にいつて、改進党とも話しあへばい〻と思ふが、絶対にそんな風はないとの御話。〔田島〕矢張り吉田は経済力の点も余程深く思つて居ませうが、本当は、憲法改正の機がまだ熟しませぬ政治上の考慮で頑固なのかと思はれますがと申上ぐ。(37)

正式には、このやりとりがあった翌日から日米間でMSA協定（日本国とアメリカ合衆国との間の相互防衛援助協定）の交渉が始まるのだが（五四年三月調印）、天皇は早くもMSA協定によって日本の再軍備が、経済的負担がなくても可能になると期待している。だが、MSA協定はアメリカ政府が余剰農産物を日本政府に売却して、その代金を日本政府が日本銀行内の特別円勘定に積み立て、アメリカからの対日武器援助の支払い資金に充当するという仕組みであり、実際に自衛隊発足時に利用されたが、日本の経済的負担なく再軍備が可能になるという天皇のこの理解は、早合点ともいうべきものであった。天皇の吉田批判に対して、田島は憲法改正の機が熟していない政治情勢に理解を示している。

天皇の早期再軍備論とも言うべき見解には、天皇自身の歴史認識・戦争認識が反映していたと思われる。例えば、米国務長官ダレスが吉田茂に強く日本の軍事力強化を迫ったこと（日本が自国の防衛をしないのであればアメリカは手を引くとまで言ったとされる）に関して、五三年八月一一日、天皇は次のように語っている。

私はダレスのいふ通りだと思ふよ。自分の国の防御を自分でやるのは当り前だから、吉田のやうに楽観して呑気なことをいつてるのはどうかと思ふネーとの仰せ。岡崎は吉田とは少し違ふやうな個人の意見のやうだつたから、私は歴史を見てもハンニバルの様な名将が居てもカルタゴーが軍備を忘れたり、又デロイテルや（忘れた）……のやうな名将が居ても和蘭《オランダ》が軍備を怠つた為に力を失つた。ルイ十四世といふものが居るのに呑気な事をした為めだ。現に日本は虎視眈々《こしたんたん》たるソ連が居るのよ。国力がとかいつて呑気なのはどうも心配だ[38]

天皇は、得意の西洋史に言及して、ハンニバルやデ・ロイテル（提督）を持ち出して、いくら名将がいても国が軍備増強を怠ると力を失ったとして、「虎視眈々たるソ連」が存在している以上、「国力がとかいつて呑気なのはどうも心配だ」と早期の軍事力増強を求めている。天皇の認識の基礎には、帝王学の一環として学んだ戦争の歴史としての西洋史理解と戦前以来の仮想敵国であるソ連の脅威があった。とりわけソ連は、戦前よりもさらなる軍事強国となり、巧みな宣伝戦を展開してくる「思想敵」と天皇の目には映っていたのである。

五　なぜ、天皇の新たな口述記録は公表されないのか

一九五二年五月三日発表の「お言葉」で意を尽くせなかった天皇は、本章でも述べたようにその後

も、開戦は自分の本意ではなく、軍部が作った「時勢」の故であるとの見解を国民に伝えたいとしばしば漏らした。田島道治は国民に直接伝えることはすべきでない、と次第に強く否定するようになるが、田島は一方で、天皇の思いをあらためて口述記録として残すべきことを提案し、その作業を実際にはじめた。

一九五三年一月二七日、新聞に載った細川護貞《もりさだ》『情報天皇に達せず』（のちの『細川日記』）の広告を気にする天皇に対して田島は、このように述べている。

> たとひ何が書いてありましても、陛下があれは事実だ、事実でないなど対等に仰せになる必要はないと存じます。それよりも後世の為に、原田日記でも木戸日記でも、又この本でもの誤りや実状を御指摘頂いた記録を宮中に保存する事は必要かと存じます。拝見仰せ付られましたあの御手記〔『昭和天皇独白録』と思われる〕の外に、大金〔益次郎・元侍従長〕が伺つて居りましたやうに、既に小泉〔信三〕も喜んで〔聞き取りに参加〕させて頂きますと申して居ります故に、次次に出ます記録類のものをとり上げて、之に関する陛下の御記憶を書き記す事は必要かと存じます[39]

このように、「陛下の御記憶を書き記す」機会を設定することを田島は天皇に語った。気が急く天皇は、三日後の一月三〇日に「あの私の記憶を世間に出てる本と比較して書留めるといつてた会《ママ》〔かい〕ネー。今は忙しいからといつたけれども、第一回は今度の葉山〔二月一一日～二〇日〕へ行つてる時にやらうか[40]」と催促している。田島は、明仁皇太子の外遊が迫っていたため、「東宮様御出発後に第一回御開き願つて結構かと存じます」と答えている。実際に、三月三〇日に皇太子が出発すると、田島は四月一〇日、天皇に新しい口述記録は、いつまで遡って記録するのか相談している。

〔田島〕実は小泉〔信三〕とも相談致しまして、一応御記録の問題は三国同盟迄は遡る必要があるとの事になりましたが、勿論御思召しを伺つての上でありまするが、陛下の御思召は如何でございませうかと伺ひし処……〔天皇〕矢張り張作霖爆死事件〔一九二八年六月四日〕迄戻らねば駄目でそこから始めた方がいゝだらう。尤《もつと》も三国同盟から始めてその事に至つたのは下克上、派閥、陸海不一致といふ様な事によるのだから、それを遡れば派出的（しきりに派出的と仰せあり。派生的の意味かと推す）にそれらの問題にふれてもいゝ、どうしてもダブル事になるとの仰せ。〔田島〕資料でございます故、勿論ダブりまして結構で、その為重要程度もそこに表はれますし、遡りますより只今の仰せの通り張作霖から始めるのがいゝだらうかと存じますと申上ぐ。〔天皇〕たしか〔高宮太平の〕天皇陛下といふ本もそうだつたといふ様な仰せあり。[41]

天皇との相談によって、新しい記録は、「張作霖爆死事件」まで遡って口述することとなった。『昭和天皇実録』によれば、田島らによる天皇への新たな聞き取りは、少なくとも五三年五月二一日・六月二二日・二三日には行なわれたことがわかる。初回の聞き取りについては次のように記録されている。

午前十時より十一時三十分まで表御座所において、宮内庁長官田島道治・侍従次長稲田周一・侍従永積《ながづみ》寅彦の拝謁をお受けになる。その際、昭和三年六月の張作霖爆殺事件以来の御回想をお話しになる。御談話は長官の調査をもとに進められ、永積が速記をとる形式にて行われる。以後、御談話の拝聴は六月二十二日・二十三日の両日にも行われる[42]。

なお、第二回の六月二二日には、「昭和初期の浜口内閣・第二次若槻内閣時代のこと、昭和五年に開催されたロンドン海軍軍縮会議のことをお話しになる[43]」、第三回の六月二三日には、「この日も、ロンドン海軍軍縮会議のことをお話しになる[44]」とある。

この年一二月に田島は退官するが、この聞き取りはしばらく中断した後、五四年四月以降、田島に代わって三谷隆信侍従長が、稲田・永積がそのまま、そして小泉信三が加わって続けられ、四月二一日には「満洲事変勃発当時のことを中心に[45]」、五月一一日には「犬養内閣当時に関して」（この回は小泉欠席[46]）天皇が回顧していることが『昭和天皇実録』から確認できる。四月二一日の条では、「この度の御談話拝聴は昨年五月二十一日より数次にわたり行われ、この年も継続される[47]」とあるので、その後も続いたものと思われるが、この一連の聞き取り資料の存在は現在のところ確認されていない。

天皇に対する側近による聞き取りは、いわゆる『昭和天皇独白録』のもとになった一九四六年三月から四月に行なわれた計五回のものを第一次とすると、四六年一〇月から一二月にかけて第二次（計六回）、四八年二月から一二月にかけて第三次（計六回）が行なわれたことが『昭和天皇実録』の分析から明らかになっている[48]。田島が始めた聞き取りは第四次ということになるが、これほど繰り返し行なわれた天皇の「御談話拝聴」は、少なくとも第二次以降は、天皇が望まなければなされなかったものであろう。それは、『拝謁記』の記述からも明らかである。

そして、天皇は何故にそれほど語りたかったのかは、その源泉は、本章でも記したように、外国と結びついた勢力による戦争への道に対する「反省」、戦前においてはドイツ・軍部・戦争、戦後においてはソ連・共産党・戦争という、天皇にとっては酷似していると思われる事象を繰り返すまいという強い危機感と、かつての戦争はどうしようもない「時勢」によって引き起こされたものであり、天皇は軍部に利用された被害者であったということ、それらをできれば国民に、それが不可能ならば側近や後継者に伝えたいという思いであったと言えよう。

だが、これらの「御談話拝聴」記録が公表されなかったのは、『拝謁記』における田島の判断から類推すれば、基本的にそれが天皇から見た歴史の「真実」であり、天皇の「真意」であったとしても、戦争や植民地支配の犠牲になった、日本人以外も含む多くの人びとの遺族・関係者を納得させるようなものでなかったからだと考えざるをえない。

注

（1）『拝謁記』第三巻、一四〇頁、一九五二年三月二六日の条。
（2）宮内庁編修『昭和天皇実録』第十一（東京書籍、二〇一七年）三四四〜三四五頁。
（3）『拝謁記』第三巻、一四一頁。なお、原文に付された編者による補足は省略したものもある。
（4）前掲『昭和天皇実録』第十一、三三六頁。
（5）同前。

(6)『拝謁記』第三巻、一六〇〜一六一頁、一九五二年四月九日の条。
(7) 同前、一八九頁、一九五二年四月三〇日の条。
(8) 同前、一八九〜一九〇頁。
(9) 同前、二〇二頁、一九五二年五月八日の条。
(10) 同前、二三五頁、一九五二年六月二四日の条。
(11)『拝謁記』第四巻、七五頁、一九五二年一一月二七日の条。
(12) 同前、一三〇頁、一九五三年一月一四日の条。
(13) 同前、一八八頁、一九五三年三月一二日（その1）の条。
(14) 同前、二三二〜二三三頁、一九五三年四月二〇日の条。
(15) 同前、二三三〜二三四頁、一九五三年四月二一日の条。
(16)『拝謁記』第五巻、四頁、一九五三年 五月五日の条。
(17) 同前、一七頁、一九五三年 五月一八日の条。
(18) 同前、二九頁、一九五三年五月二〇日（その1）の条。
(19)『拝謁記』第四巻、一〇頁、一九五二年七月一一日の条。
(20)『拝謁記』第五巻、七七頁、一九五三年六月二四日の条。
(21) 同前、五五頁、一九五三年六月一七日の条。
(22) 同前、四九頁、一九五三年六月二日の条。
(23) 同前、一七七頁、一九五三年一〇月一四日の条。

(24) 同前、一七八頁。
(25) 同前、二一四〜二一五頁、一九五三年一一月一一日の条。
(26) 前掲『昭和天皇実録』第十一、六一九頁。
(27) 伊部正之『松川裁判から、いま何を学ぶか——戦後最大の冤罪事件の全容——』(岩波書店、二〇〇九年)九六頁。
(28) 前掲『拝謁記』第三巻、七五頁、一九五二年二月一一日の条。
(29) 同前、八〇頁、一九五二年二月一六日の条。
(30) 同前、八二頁、一九五二年二月一八日の条。
(31) 同前。
(32) 同前、一一六頁、一九五二年三月八日の条。
(33) 『拝謁記』第二巻、六六頁、一九五一年二月一五日の条。
(34) 『拝謁記』第四巻、一七五頁、一九五三年三月二日の条。
(35) 同前、一八八〜一八九頁、一九五三年三月一三日の条。
(36) 『拝謁記』第三巻、七九〜八〇頁、一九五二年二月一六日の条。
(37) 『拝謁記』第五巻、九七頁、一九五三年七月一四日の条。
(38) 同前、一二二頁、一九五三年八月一一日の条。
(39) 『拝謁記』第四巻、一四六頁、一九五三年一月二七日の条。
(40) 同前、一五四〜一五五頁、一九五三年一月三〇日の条。

(41) 同前、二一六頁、一九五三年四月一〇日の条。
(42) 前掲『昭和天皇実録』第十一、五四八〜五四九頁。
(43) 同前、五六五頁。
(44) 同前。
(45) 同前、六七九頁。
(46) 同前、六八五頁。
(47) 同前、六七九頁。
(48) 冨永望「退位問題と新憲法」、古川隆久・森暢平・茶谷誠一編『「昭和天皇実録」講義』（吉川弘文館、二〇一五年）一二一〜一二二頁。

第四章　昭和天皇の戦争認識（Ⅳ）

これまでに昭和天皇の戦争認識・時局認識を探るために、戦前政治過程に対する天皇の認識、戦争にいたった天皇の「悔恨」と「反省」の内実、再軍備・憲法・国民・諸外国に対する考えなどを紹介してきたが、本章では、天皇の明治天皇認識、三人の皇弟たちへの認識、皇太子に対する思いを明らかにすることで、天皇自身の歴史認識・戦争認識に改めて迫っていきたい。なお、これまでは、時期を区切って検討してきたが、本章では、『拝謁記』の全期間、第一巻から第五巻、一九四九年二月から五三年一二月までを対象にして分析する。

一　昭和天皇にとっての明治天皇

昭和天皇は、自らの「平和主義」の原点として明治天皇に言及するのが常であった。『拝謁記』においても、明治天皇の「平和愛好」の言動について、昭和天皇はしばしば田島道治に語っている。例えば、一九五一年五月七日にはこのように語っている。

　それから、吉田〔茂・首相〕が明治天皇御伝記の事もいつてたから、私は出版の話のあつた時金子〔堅太郎・臨時帝室編修局〕総裁にいつたのか、時の宮内大臣〔湯浅倉平〕にいつたかそれは忘れたが、兎に角その時私はこういふ事をいつた。明治天皇の時、日清、日露戦争で領土がふえた故、何だか侵略的の方のやうな誤解が世の中にある故、事実日清戦争決定の時、神宮賢所《かしこどころ》へ御奉告《ほうこく》の事を肯《がえ》んじにならなかつたといふ事実を公表してくれといつた事がある。私は奉告せぬといふ其事柄は明治天皇のなされんとした事でも賛成致し兼ねて反対だが、其手段は別として、日清戦争の廟儀《ママ》〔議〕がきまつてもそれを奉告すら御躊躇になる平和的の御心持ちは尊いので、明治天皇の侵略的の事の誤解を解く為にい丶事だと思つて金子だつたか大臣だつたかに言つたが、矢張り軍人の勢力に恐れてかそれを書かなかつた事があると吉田に話したら、何れ主裁者がきまりますから其ものに又御話を願ひたいといつてた。[1]

天皇が最初に語っているのは、一九一四（大正三）年に臨時編修局（のちの臨時帝室編修局）において編纂が始まり一九三三（昭和八）年九月に完成した『明治天皇紀』（本紀二五〇巻・画巻一巻）のことである。『明治天皇紀』自体は刊行を目的としたものではないので、「出版の話のあつた時」とあるのは、『明治天皇紀』の完成後、その一般向け短縮版を出版することが準備されたことを指している。その際に、昭和天皇は、「日清戦争決定の時、神宮賢所へ御奉告の事を〔明治天皇が〕肯んじにならなかつたといふ事実を公表してくれ」と要望したというのである。この天皇発言に関する記述が、『昭和天皇実録』一九三三年八月二日の条に次のようにある。

臨時帝室編修局総裁子爵金子堅太郎に謁《えつ》を賜《たま》い、明治天皇紀の編修終了につき奏上を受けられる。その際、金子より、日清・日露両戦役時における明治天皇の開戦御反対の聖慮の記述については、一般頒布用の公刊本編纂時には考慮を要する旨の言上あり。その後、侍従長鈴木貫太郎をお召しになり、かくの如き聖慮こそ明治天皇の平和愛好の御精神を伝えるためにも発表することを可とする旨のお考えを述べられる。[2]

実際に、この後、公刊明治天皇御紀編修委員会が宮内省に設置され、原稿は一九三九（昭和一四）年に完成されたが、結局、この一般向けの明治天皇の伝記は刊行されなかった。前に引用した『拝謁記』の「吉田が明治天皇御伝記の事もいつてたから」というのは、この一般向け公刊版の改めての刊行のことを言っていると思われる。天皇は、この吉田の言に関心を寄せ、その後も明治天皇の伝記を刊行するならば、その編修責任者は、「purge〔公職追放〕が許されたら板沢〔武雄・元東京帝国大学教授〕などいゝかも知れぬ。平泉澄《きよし》〔元東京帝国大学教授〕はいかぬが[3]」などと田島に語っていたが、この時も刊行は実現しなかった[4]。

昭和天皇が明治天皇の事績、とりわけ日清戦争開戦時の明治天皇の心境に詳しいのは、『昭和天皇実録』によれば、昭和天皇は、『明治天皇紀』の編纂の過程で、臨時帝室編修官長・三上参次（東京帝国大学名誉教授）から繰り返し「明治天皇の聖徳」について進講を受け、とりわけ三上講話の最後となる一九三一年一一月から三二年九月まで四回にわたって「明治天皇ト明治廿七八年戦役」と題する連続講義を受けているからである。三上による明治時代・明治天皇に関する進講は、少なくとも二七回に及んでいる[5]（第一回目は一九二七（昭和二）年三月七日、最後は三三年九月三〇日）。そのため、天皇自身、明治天皇の事績については、かなりの知識を有しており、一九四一年九月六日の、事実上の対英米開戦の決定を行なった御前会議において明治天皇の和歌「四方の海」を詠んだのも、「終戦の時の決心は明治天皇の三国干渉の御気持であつて、如何なる犠牲を払つてもと思つた[6]」などと語っているのも、そうした昭和天皇の明治天皇認識の一環であったと言える。

だが、興味深いのは、昭和天皇の明治天皇認識は、あくまでも「帝王学」として学習したものであり、必ずしも明治天皇の孫としての天皇自身の直接体験に基づくものではなかったということである。そのことについても天皇は、田島にこのように語っている。

〔田島〕陛下は明治天皇崩御の時は十三〔歳〕位であらせられますが……と申上げし所、〔天皇〕

私も明治天皇は何の印象も受けて居らぬ。拝謁に出ても待たされたなどして何の印象もない。実は明治天皇の事は、御裏《おうら》とか色々の人の話とか成人後にきいて御人格を存じあげたので直接の事は何もない。学習院初等科で誰を一番偉いと思ふかといふ問題を先生が出して、明治天皇と書くを期待したらしいが私は義経と書いて了《しま》つた。之は侍女から義経の話をきいてた為に書いたので、当時侍女は明治天皇の御話などはなかつたとの仰せ。(7)

昭和天皇は、明治天皇について「何の印象も受けて居らぬ」、「成人後にきいて御人格を存じあげたので直接の事は何もない」としている。当時の皇室においては、親子・孫が日常的に接するという機会が少なかったので、これは当然の感想とも言えるが、明治天皇の「平和愛好」といった昭和天皇の認識は、あくまでも『明治天皇紀』編纂過程で三上参次らによって形成された「明治天皇の聖徳」のイメージに基づくものであったと言える。

二　昭和天皇と三人の皇弟たちとの関係

戦前・戦中から昭和天皇（一九〇一年生まれ）と三人の皇弟たち、すなわち秩父宮雍仁《やすひと》親王（一九〇二年生まれ）・高松宮宣仁《のぶひと》親王（一九〇五年生まれ）・三笠宮崇仁《たかひと》親王（一九一五年生まれ）たちとの関係は必ずしも円満ではなかった。田島も、次のような内容のことを、天皇から何度も聞かされている。

　秩父さんは英米反対で日独同盟論を強く主張せられ、私は遂にそういふ意見はもうあなたから聞かない、〔板垣〕陸軍大臣にいつて下さいと少しひどかつたがいつた位。〔中略〕

　又高松さんは砲術学校付の時に可なり主戦論をされて私と議論けんかし（陛下は〝けんか〟といふ言葉仰せになる）、妃〔喜久子〕殿下も同席して困つて居られる事もある。[8]

秩父宮は三国同盟推進論者であったので天皇としばしば衝突、高松宮は対米開戦論と非戦論との間で激しく揺れ、東条内閣打倒工作にも関与するなどして天皇と激論を交わすこともあった。そして、戦後、天皇を最も困らせるのが「進歩派」に変身した三笠宮であった。ところで、秩父宮が日独伊三国同盟論者になったのは、防共協定締結によって日本に接近したドイツ側が、日本における親英米派の軸が天皇・西園寺《さいおんじ》公望《きんもち》（元老《げんろう》）のラインにあることを見てとったからである。そのため、ドイツ側が一九三七年の秩父宮の訪独に格別の便宜をはかるなど、日本を英米から離れさせて枢軸側に引き寄せる工作を、ベルリンの大島浩大使と日本本国の陸軍親独派を巧みに使って、極めて計画的・積極的に行なっていたことが、ドイツ側の資料を使った最近の三国同盟研究で明らかにされている。[9]

　戦前において男性の皇族はすべて、軍務につくことになっていたので、秩父宮と三笠宮は陸軍軍人、高松宮は海軍軍人であった。三人の主な軍歴は次の通りである。

　秩父宮雍仁は、学習院中等科をへて陸軍幼年学校予科・本科へ進み、陸軍士官学校三四期卒業、陸軍大学校卒業の後に大本営参謀などを歴任し、終戦時には陸軍少将だった（ただし、一九四〇年に結核を発病して以後、軍務には就かなかった）。高松宮宣仁は、学習院中等科をへて海軍兵学校第五二期卒業、砲術学校高等科をへて海軍大学校卒業、軍令部参謀などを歴任し、終戦時には海軍大佐だった。三笠宮崇仁は、学習院中等科をへて陸軍士官学校予科へ進み、陸軍士官学校四八期卒業、陸軍大学校卒業。支那派遣軍参謀（秘匿名：若杉参謀）、大本営参謀などを歴任し、終戦時には陸軍少佐だった。[10]

天皇は、田島にも繰り返し三人の皇弟たちが、戦後に立場をわきまえずに軽々しく発言したり、行動したりするのは軍人教育の弊害だと語っている。例えば、天皇は、戦前の陸軍軍人は、中途半端に「政治」にコミットしたために「政治は容易だ」と思いがちだったとした上で、「すべてこういふ風で、陸軍（マー海軍もそうかも知れぬが）の教育で、秩父様《ママ》でも三笠様《ママ》でも軍人教育の結果、動機に余り結果を考へられぬ〔動機が良ければ結果の善し悪しを考慮しない〕傾向がある[11]」とか、「どうも陸軍の教育といふものは常に積極的で活動に移すことで、何かといふと臨機措置でどんどん動くといふ傾向がある。これは秩父さんも三笠さんも同様だ[12]」、「陸軍の教育で独断専行とは臨機の処置とかいふ事で積極的にすぎるやうだ、〔中略〕どうも陸軍風だ。三笠さんも秩父さんもどうも此陸軍風だ[13]」などと、何かにつけて秩父宮と三笠宮を「陸軍風」だとして批判している。

また、天皇が非常に神経を尖らせていたのは、直宮《じきみや》とりわけ秩父宮や高松宮から昭和天皇退位論が何かの拍子に出てくるのではないかということだった。前述（六一頁）したように、一九五一年一〇月五日には、天皇は、「高松さんが総理に意見書の様なものを出すといつてたがその内容は何か、私の責任問題とか退位とかいふ事ではないのか」と高松宮が政府関係者に退位論を主張するのではないかと疑っている。そこで、探りを入れるためか、講和発効後の「お言葉」問題について宮内庁秘書課長が高松宮に意見を求めたところ、高松宮は、まったく退位論などは口にしなかったという。そのことを田島から聞いた天皇は、一九五一年一二月一七日に田島と次のようなやりとりをしている。

〔天皇〕そうか、高松さんは今は退位論でないのかとの仰せ故、〔田島〕宮様は退位論者であられましたかと伺ひし処、〔天皇〕直接私に退位を仰つた。之はほんとの私の邪推だか実際はどうだか分らぬが、秩父さんが摂政になられればいゝ、といはれた。そして毎日の事でないから御病身でもが、其時口では秩父さんといつてたが腹では自分と思つてゐたのではないかしら。今退位論でないとすれば、邪推だが、東宮ちやん〔明仁皇太子〕が成年に達し、御自分が摂政になれないから退位論を改説されたのかしらとの仰せ。〔田島〕之にはあまり合槌《あいづち》をうたず「ハ」といつて居るに止める。そして秩父宮様は？と御伺せし処、〔天皇〕秩父さんは終戦直後に内大臣〔木戸幸一〕や松平慶民〔元宮内大臣〕に、はつきり退位論でない御説をおいゝになつたとの御話故、〔田島〕田島は一昨年や昨年始め頃はそうでない宮様の御意思の様（退位説）な印象を受けて居りますと申上げし処、〔天皇〕おかはりになつたか……との仰せ。(14)

天皇の認識では、以前は高松宮が退位論を唱え、秩父宮はそうではなかったが、田島の認識では、現在は高松宮が非退位論、秩父宮が退位論になっているということである。天皇は「邪推」としながらも、高松宮が退位論を唱えたのは、摂政になりたかったからで、皇太子が成年に達して摂政になる可能性がなくなったので非退位論になったのではないか、とまで言っている。また、後日、秩父宮が退位論にかわったのも、摂政の必要が無くなったからではないかと天皇は推論している。[15]

なお、秩父宮について天皇は「実は第三連隊に関係が深く、そういつては何だが当時の陸軍の考への通りであつた[16]」と田島に語っているが、「第三連隊に関係が深く」とは、二・二六事件まで青年将校運動の中心地の一つであった東京の歩兵第三連隊との関係、つまり、青年将校による国家改造運動とのつながりがあったということだろう。戦前から天皇に危機感を抱かせる存在であり、一九四〇年以降、療養中であった秩父宮は、天皇とのわだかまりを抱えたまま一九五三年一月四日、五〇歳で死去した。

皇弟たちの退位論に加え、天皇と宮内庁を困惑させたのが、「進歩派」に急旋回した三笠宮の言動であった。『拝謁記』一九四九年三月二四日の条には、田島が三笠宮と会って話をした際に、「歴史の発展上君主制はなくなり大統領制になりつゝある以上、日本の新憲法も天皇制廃止の過程として宮内府官吏は考ふるか[17]」といったことを語ったと天皇に報告している。三笠宮は「歴史の発展上」君主制は大統領制にとってかわられつつあるとみなしていた。また、日本国内で社会運動が激化する中で、「血のメーデー事件」「吹田事件」「大須事件」などが起こった一九五二年、その六月に三笠宮が『アカハタ』（一九五二年六月二八日付）のインタビューに応じ、それが外国にまで報道されているといったことが田島から天皇に報告されている。[18]この時、天皇は、「地位を考へない、其影響がどうあるかといふ事を少しも考へない。困る。それは高松さんも秩父さんも内容は違ふが、影響如何といふ事、御地位といふ事の御考がどうもどうかと思ふ[19]」と田島に語っている。天皇は、皇弟たちが、場合によっては天皇という地位を継ぐ立場にあるということの自覚が足りないと繰り返し嘆いている。

その後も三笠宮は雑誌に「青年よ銃をとる勿《なか》れ」と題した文章を発表したり、「血のメーデー事件」で検挙された人の「貰い下げ」に自ら警視庁に赴いたり、在日米軍高官を宮内庁が鴨猟に招待した際に、皇族として接待してほしいという宮内庁の要請を拒否するというように、「反米的の御気持が相当露骨[20]」だとして、天皇と田島ら宮内庁幹部を憂慮させた。

田島は、皇弟の中で唯一外遊をしていない三笠宮に諸外国を歴訪させることで、三笠宮の考えに変化が起こるのではないかと天皇にも相談し、天皇もそれには賛成するが、天皇はあくまでも明仁皇太子と次男の正仁の外遊を優先すべきだと考えており、「三笠さんは東宮ちやんと違ひ、洋行に大きな意味はないから[21]」などとも語っていた。また、洋行するにしても「その前に少し御考へをかへて貰ふ様に、又外国へ出掛けて変な事をいはぬやうに、今から三笠さんが敬服するような人で、語弊はあるが監視するような人をさがして、其手を今から打たなければいかん[22]」と、「監視」役をつける必要性について田島に語っている。洋行の随員に関しても、「東宮ちやんの場合は何も輔導はいらんが三笠さんの場合はそうでないから人選は六ケしい[23]」と天皇は述べているが、これにはさすがに田島も「少し東宮様偏愛といふか公平なる御意見とは拝承せざるも[24]」と記している。この後の天皇と三笠宮との関係については後述する（一三六～一三七頁）。

三　昭和天皇と皇太子との関係

第一章第四節（四二〜四四頁）で論じたように、一九四九年一二月の段階で天皇は、「講和が訂《ママ》〔締〕結された時に又退位等の論が出ていろいろの情勢が許せば退位とか譲位とかいふことも考へらるゝので、その為には東宮ちやん〔皇太子〕が早く洋行するのがよいのではないか[25]」と、自分が退位・譲位するためには、なるべく早い時期に明仁皇太子が洋行（君主としての見聞を広めるために留学か外遊）する必要があると語り、田島を大いに感激させた。

だが、その後、朝鮮戦争の勃発と国内治安情勢の緊迫化にともない天皇の危機感は非常に高まり（このような状態ではとても譲位できないとの思いが強まり）、講和条約の締結、講和発効の頃にはまったく退位の気持ちはなくなり、講和発効後の一九五二年五月三日の「お言葉」では「留位」を表明するに至った。とは言え、皇太子を早く洋行させたいという天皇の気持ちが変わったわけではなかった。ただ、留学にするのか、見聞を広めるための外遊にするのか、どの国に行くのか、期間はどうするのか、予算措置をどうするのか、天皇と宮内庁長官・田島道治、東宮御教育常時参与・小泉信三は、しばしば相談していたが、皇太子外遊の機会は思いがけない形で到来した。それは、一九五二年二月六日にイギリス国王ジョージ六世が死去し、新国王としてエリザベス二世が践祚《せんそ》したことである。翌年に予定されるエリザベス二世の戴冠式に天皇名代として皇太子が出席し、その前後の期間に欧米を外遊するというものである。

この皇太子の名代案は、天皇も田島ら宮内庁関係者もまったく考えていなかったことだが、一九五二年二月二〇日に田島が受け取った秩父宮からの手紙の中で、東宮名代案が提案されたのである。[26]二月二九日にこの話を田島から聞いた天皇は、すぐさま香淳《こうじゅん》皇后とも相談して、同日、再度田島を呼び出して次のように語っている。

> 東宮ちゃんの御名代〔英新国王の戴冠式出席〕のさつきの話ネー。良宮《ながみや》〔香淳皇后〕と話したのだが、最初にはよ《ママ》……良宮はそれはちと早い。若過ぎるといつたのだ。然し私が、私の英吉利《イギリス》へ行つた年とくらべると一年かそこらの差だよといつたら、そうですか。そんなならむしろ賛成です。いつた方がい丶といふのだ。それで私もさつきいつた通り、又とない機会だし、筋の通つた事だから、私としては手続上の具体的の事とか、客観情勢とか、国民感情とかでいけなくなる事はあるかも知れぬが、それらの点がすべて差支ないならまア望むといふ方の考だから[27]……

天皇が言う「筋の通つた事だから」というのは、イギリス国王戴冠式への出席という堂々たる公的行事であり、政府も予算が組みやすいといった意味合いを込めているのであろう。皇太子の外遊の大義名分ができたとなると、天皇はいてもたってもいられなくなり、田島に矢継ぎ早に希望を言い出した。三月五日には、こんなことを述べている。

汽船はまづ命にかゝはる事はない。東宮ちやんは船は多少弱いが、それは寝てればいゝから船がいゝ。飛行機はどうも墜落せぬと限らぬから船がいゝとの御話。
それから巡遊の御範囲。フランスは共産党が多いから共和国でもあり止《や》めか。それでも白耳義《ベルギー》、和蘭《オランダ》、瑞典《スウエーデン》は王国だから行つた方がよい[28]

船が安全だからぜひ船でと求めている。のちにどうしても飛行機を使う部分があると決まった後にも、「東宮ちやんのカナダ行の北の方を通る飛行機は、あれは止めた方がよい。私の北海道行きの事の考慮などから考へても、若しもの事があるとわるいから」[29]と心配している。「カナダ行の北の方を通る飛行機」は、ソ連の近くを通ることになるから危険だというのである。皇弟たちには何につけても厳しい発言を繰り返す天皇ではあったが、我が子に対しては限りなく過保護であった。

結局、皇太子の外遊は、一九五三年三月三〇日に日本を出発して、アメリカ・カナダをへてヨーロッパに渡り、六月二日のイギリス新国王エリザベス二世の戴冠式に参列し、その前後を合わせて欧米一四カ国を歴訪して一〇月一二日に帰国するという半年以上にわたるものになった。これは、昭和天皇の皇太子時代の欧州歴訪が、一九二一年三月三日に出発して九月三日に帰国しているので、期間としてはそれよりも少し長い日程である。明仁皇太子のために昭和天皇は、わざわざ外交官出身の侍従長・三谷隆信を皇太子一行の首席随員とし、他に宮内庁関係者五名を随員につけた。

外遊の準備をする期間であった一九五二年一一月一〇日に、明仁皇太子の成年式と立太子礼《りったいしれい》（皇嗣＝次代の天皇としての皇太子を内外に告示する儀式）が行なわれた。皇室典範《てんぱん》（新旧とも）によって「天皇、皇太子及び皇太孫《こうたいそん》の成年は十八年とする」とされており、昭和天皇の場合、成年式は一九一九年五月、満一八歳の時に、立太子礼はそれよりも前の一九一六年一一月、満一五歳の時に行なわれていた。明仁皇太子の場合、一九五一年一二月にすでに一八歳に達していたが、皇太后（貞明皇后）が同年五月に死去した関係で服喪期間となり、成年式は延期されていた。昭和天皇の前例にならえば、明仁皇太子の立太子礼はもっと早くてもよかったのだが、これは従来、「戦争の影響」(30)で遅れたとされてきた。だが、この立太子礼を延ばした理由について、一九五二年一二月一八日、天皇自身が田島に次のように語っている。

〔天皇〕それからネー、子供のよむやうな雑誌であつたが、東宮ちやんの立太子礼が戦争後占領中であつた為に後れたと書いてあつたが、是も私の心地とは凡《およ》そ違つた話だ。私は十一位で少尉となり、立太子後は直ぐ東宮武官といふものが出来た。私は武官程いやなものはないとしみじみ思つた。後藤光蔵《みつぞう》〔元侍従武官〕の如きは例外で、殆んど軍のスパイで、私の動静ある事ない事を伝へるだけの者でこんないやな者はない。それ故、立太子礼を行へば東宮職内に東宮武官が出来るから、私は立太子礼を成年後に延《のば》さうと終始考へてやつて来たので、戦争中からずつと其《その》積りであつたのだ。それを雑誌に占領中だつた為といふのは実におかしな間違だ。武官が困るので、実は侍従長を海軍のバックでいくらかおさへる意味で、現役では余りいかんので予備又は予《ママ》備〔後備か〕にして海軍大将にしたのだよとの仰せ、繰返し御話あり。〔田島〕そうでございましたか。昨年立太子礼と御成年式の前後を御尋ねありました時に、その事は一向気付きませんでありましたが左様でございましたか。[31]

立太子礼を行なうと、皇太子に御付きの東宮武官長（陸軍将官）と陸軍と海軍から二人ずつ東宮武官（佐官）がつく。天皇は、この御付きの「武官程いやなものはないとしみじみ思つた」「殆んど軍のスパイで、私の動静ある事ない事を伝へるだけの者でこんないやな者はない」と語っている。これは、皇太子にも同じような嫌な思いをさせたくないので、なるべく立太子礼を遅らせていた、というのだ。この「軍のスパイ」が近辺にいたという話は、以前にも天皇が田島にしている。

〔天皇〕元は近衛〔兵〕のスパイが居た様なもので、〔生物学〕御研究所へ行く事も皆見て、とて、戦争開始の年〔一九四一年〕の九月六日に、首相〔近衛文麿〕があの大切の〔御前〕会議の事を前日の午後五時頃にもつて来たが、生憎《あいにく》翌日が土曜日であつた。少し考へたいから延ばしてくれといつた所、近衛首相は思召ならばといふ故、思召となれば土曜故又研究所行きの為だといふ事になり、又つまらぬ誤伝が生ずるからとて大事件の決定に似合はぬ。翌日会議を開く事に同意した次第だと仰せになり、〔田島〕木戸日記を見ますと、捏造《ねつぞう》的にマーヂヤンを御やりになつた様な事を軍部のものが申してたやうでありまするが、全然無根の事を作りますから叶ひませぬと申上げし処、〔天皇〕イヤ、マーヂヤンの道具は献上があり、一、二度やつた事はあるが、其道具のあつた事を近衛兵が見るやうな所においてあつたかと思ふが、私はブリッヂ〔トランプのゲーム〕の方が好きでこれはやつたが、九時にはいつでも止めた。燈火のついてたのは、良宮〔皇后〕が哺乳の為であつたのを、近衛兵のスパイがいるからたまらないとて、重光〔葵〕外相のいひし事で海軍大臣〔嶋田繁太郎か〕に質問した事が問題になつたり、悪性インフレの事を会計検査院にきくと、軍部が私にいつた人間の首をきるとかいぢめるとかするので、自然いはなくなる。(32)

ここでは、近衛兵の中に天皇の動静を伝える「スパイ」がいたとしているが、御前会議の日程や、天皇の質問事項が漏れているといったことは、皇居警備の近衛兵などでは探知できないことなので、これらも天皇の近くに勤務する侍従武官が「スパイ」の役目を果たしていた、と天皇には認識されていたということなのかもしれない。天皇の近くに勤務する侍従武官や皇居の警衛にあたる近衛兵も軍部の「スパイ」であったというのは、自分は軍部とりわけ陸軍の監視の中にいた存在であるという、天皇の被害者意識の表われとも言えるだろう。

なお、天皇が「例外」としている後藤光蔵は、一九三三年一二月から三八年七月まで天皇の侍従武官を務めた陸軍軍人（当時、少佐）である。『拝謁記』の別の箇所でも後藤に言及されている。それは、警察予備隊の幹部の人選に関してである。一九五〇年九月一二日、警察予備隊の指揮官に旧陸軍軍人を採用するとすれば、という前提で天皇は次のように語っている。

武官をとるとすれば後藤〔光蔵・元陸軍〕中将は今三里塚に帰農してるが立派である。ノモンハンでも侍従武官として近衛師団長でも実によかつたと極力御ほめになり、又パラオの戦争に敗れなかつた十四師団長の井上〔貞衛《さだえ》・元陸軍〕中将、これも人物だ。戦争が強かつたが、終戦後の処理振がよくて米軍から表彰された。之等の人は立派であつたとの御話。(33)

天皇が、後藤光蔵について「今三里塚に帰農してる」などとかなり詳しく知っているのは、後藤が「八・一五クーデター未遂事件」の際に殺害された近衛第一師団の師団長（森赳《たけし》中将）の後任で、近衛師団廃止後もその後身である禁衛府《きんえいふ》の長官を一九四五年九月から四六年一月まで務めたからであろう。

再び皇太子の外遊問題に戻る。天皇は、政府が皇太子外遊費用を一九五二年度の予備費から支出するとしたことに対して「議会開会中の自然休会中に政府限りで予備金で出しますのはどういふのかネー。別に秘密の事でもなし、堂々やつたらいゝと思ふが」「どうもおかしいネー[34]」などと不満を漏らしていたが、皇太子への外遊準備教育に対しても「少し詰込まれ過ぎではないか」「色々の勉強準備するは結構だが、病気になつては何にもならぬから小泉にでも一寸いつてくれ」「私など行く前に何もしなかつたよ[35]」などと大いに心配している。

皇太子の外遊中にも天皇と田島は、学習院大学に在学中の皇太子の今後の教育問題について繰り返し相談しているが、もはや皇太子は教養的にも、人格的にも出来上がっており、今回の外遊はその総仕上げと考える天皇と、まだとりわけ内面の修養が必要とみなす田島との間では認識にズレがあった。一九五三年七月二〇日、天皇と田島は次のようなやりとりをしている。

〔天皇〕此前学友との関係からも奇麗さつぱり〔大学を退学する〕といつたが、よく考へると今後東宮ちやんは公務に出る場合も多くなり、到底学生の普通のようにはいかなくなるから、何年居ても駄目といふ事になる故、あれはどうも奇麗さつぱりがよろしいとの〔田島〕此前の思召を今一層理論づめの御話にて、根本には東宮様に対する例の御みびいきにて、完全に御出来上りの方の如き御前提にて、学習より公務に御多忙との御考へを其前提の上におたての様に恐れながら拝察せられる節あり、之は予て《かね》小泉と申合せの大方針とも反する事故、小泉帰朝後よく熟議し、一同左様考へますとて陛下の御再考を厳粛に御願する外なく、その為には陛下の思召に副《そ》はぬ言葉を時々申上ぐるの外なしと思ふ。之は難問題と案外なる可能性あり。陛下の御聡明を以てして此肉親の方々に対する無批判的には恐れながら御感心申上げ得ず、心中永嘆す。(36)

田島は、皇太子の教育問題についてはその責任者である小泉信三と相談したかったのであるが、この時、小泉も皇太子一行とは別に、今後の皇太子教育の参考にするために欧州を歴訪しており、小泉の帰国を待つしかなかった。そして、八月一一日、田島は一つの決意を『拝謁記』に記している。

〔ニクソン米副大統領来日時の答礼について〕松平〔康昌《やすまさ》・式部《しきぶ》〕官長でなく皇太子が答礼に行くといふ事も考へられるとの仰せ。〔又しても邪推ながら、皇太子様を完成と御考への前提で御帰朝後国事に御引張り出しになりたき御様子見ゆ。之は東宮様今後の根本方針に関する故、仰せに御異論《ママ》あるも此際小出しに反対申上げず小泉とも相談、方針確立の上ハツキリ申上ぐる心組にて〕其点の処は式部でよく前例をも調べまして、まだ時間もありまする事故と申上ぐ。(37)

実は、小泉の帰国後に相談して、「方針確立の上ハツキリ申上ぐる」と記しているが、これ以前にも田島は、天皇と皇族との関係について天皇に諫言していた。これは天皇の皇弟たちとの関係性や皇太子との関係性を考える上で重要なことなので、次節で検討する（なお、この時、「ハツキリ申上ぐる」と田島が記した皇太子の教育方針については、なぜかその後の『拝謁記』には記されていない）。

四　田島道治の諫言と退任

田島道治は、一九五三年六月一九日に天皇に対して次のように発言したと記している。

田島は実は平素考へて居りまする事は、皇室では制度上吾々平民とは違つて、叔父叔母とか御兄弟とかは比較的御遠いやうでありますが、内親王様方に対する御親子の御情愛で遊ばす事は自然でありまして結構と存じますが、直系皇族のみでなく傍系にも平民社会のやうに親しく遊ばして頂く方がよろしいのではないかと思つて居ります。(38)

これだけだとわかりにくい部分もあるが、翌日の天皇の発言（田島の意見への反応）は実にわかりやすい。

〔天皇〕昨日長官のいつた事だがネー。叔母さんの事とか高松さんの事についていつた事は、私には長官のいつた事は私が子供の方に重きを置いて、高松さんなどの事を次にするといふ様な意味に感じを受けて実は驚いたのだがネー。長官がそんな感じをもつてるかと思つて。私は、考としては無論皇族さん方を重んじて、子供の方の事は勿論その次に考へてるので、主義として私は長官ののべたと同じ事を勿論考へて居るのだが、長官の昨日の言葉では今いつた様に私には感じられたから、すぐその事をいはふと思つたが、事重大だと思つたからすぐいはず、良宮〔皇后〕にも話して今日話す訳だが……〔中略〕今いつた通りで、長官の昨日いつた考通り、私は勿論子供より皇族さんを重んじて、今いつた通りにやつてるのを長官があゝいふ事をいつてそうでなくやつてると長官は思つてると私に感じられた事は驚いたとの御繰返し故（これは根本的に陛下の御意思に反しても変な理論を仰せになつておいでの事を御諫言申さねば、陛下の変な御理屈を是認する事になるが、拝命以来の御語勢《ごせい》故、笑つておいでではあるが、いつもとは一寸違ふ故）、〔田島〕ハァ、左様でございましたか。田島が昨日申上げました事で、今日こんな御言葉を頂き、陛下を御驚かせました事は誠に恐れ入りました事と存じます。然し、此事柄で田島が此上何か申上げまするには覚悟を新たに致しまする必要もありまする故、今日は仰せを承り退かせて頂きまして、覚悟の出来ました上で更めて只今の仰せに対し申上げる事に御許しを得たいと存じますと申上ぐ。〔天皇〕ウンそう。[39]

ここで天皇が「叔母さん」と言っているのは、大正天皇の妹四人のうち当時存命であった北白川《きたしらかわ》〔宮成久《なるひさ》妃〕房子と東久邇〔宮稔彦《なるひこ》妃〕聡子《としこ》のことで、「高松さんなど」は当然、高松宮と三笠宮のことである（秩父宮はすでに死去）。なお、昭和天皇の子どもは、男性二人（明仁皇太子・正仁）と女性五人（成子《しげこ》・祐子《さちこ》〔早世〕・和子・厚子・貴子）で、成子は旧皇族東久邇稔彦の長男である盛厚《もりひろ》の妻である。天皇は、田島による直系皇族と傍系皇族（直宮たちと旧皇族）にともに「親しく遊ばして頂く方がよろしいのではないか」との発言に「驚いた」と繰り返し、「無論皇族さん方を重んじて、子供の方の事は勿論その次に考へてる」と「〔田島が長官〕拝命以来の御語勢」で言った。本書では、天皇と皇弟たちとの関係性、皇太子との関係性についてのみ見てきたが、『拝謁記』では天皇の旧皇族に対する発言、正仁や内親王たちへの発言も数多く記録されており、田島の言う通り、天皇は明らかに直宮と旧皇族たちには厳しく、子どもたちには甘かった。だが、天皇は田島にそれは違うと強弁したが、田島はその場では反論せず、「覚悟の出来ました上で更めて只今の仰せに対し申上げる」とした。

田島は、六月二二日に意を決して次のように天皇に諫言した。

〔天皇は〕皇族様方の一つ上の立場で御考へになり、対等の理屈はおやめになつて、たとひ皇族方の方に理屈のわるい事がある以上陛下としても当然かうといふ対等の考へをおやめ願ひ、若しおいでにならぬ様の場合には昔の諺にもありますやうな桃李不言下自成蹊〔桃李《とうり》もの言わざれども、下《した》自ずから蹊《みち》を成す。徳の高い人のもとには黙っていても、その徳を慕う人が集まるというたとえ〕といふ境地を一つ御考へ願ひたいと存じます。陛下は全皇族の総ての方の首長として御責任で全部の皇族さんに対して親心で、親が子に対するやうな御気持でおいでを願ひたいと存じます。

天皇制の事を考へますれば、百年の後御代代りがありましても、時の陛下と各皇族様と御兄弟より遠くおなりになりましても、総て全皇族の首長の御考へで全皇族が御近きになる様、蹊を成す様、御心掛御仕向けになる事が大切かと存じます。総て親心で弟様方にも対せられる様、陛下と殿下御兄様とお弟様といふ対等以上の御考へで親心で御臨み願ひたいと存じます〔陛下の直系

のお子様といふ事には絶対に触れぬやうにす〕(40)

田島は、天皇は「一つ上の立場で」全皇族の首長たれ、全皇族に親心で接してほしい、弟たちにも皇位を継承するかもしれないという「対等」の立場からではなく、一段上の親のような立場で向き合ってほしいと訴えた。そして、最後の部分で田島が「（陛下の直系のお子様といふ事には絶対に触れぬやうにす）」とあるように、直宮や旧皇族に厳しすぎることを直してもらいたいと言いつつも、本当に是正を要するのは、自分の子どもたちに甘すぎる点であることを言外に含めている。

だが、この田島の発言に対して天皇は、このように答えている。田島の反応とともに記す。

〔天皇〕その点は分つたが、高松さんの妃殿下もVining夫人の時に良宮に先んじて英語を習ひ、又ぢきに止めて了ふとか、秩父さんがゴルフを私に勧め、それではとやり出すと御自分はあきて止めて御了ひになる。宮廷服を秩父妃殿下と一所に高松妃殿下も御作りになるに熱心でいて、評判がわるくなると一所になつて悪口をい丶、そして御自分は和服も着るといふやうな風にあき易くて、人より先じたがつたりなさるからどうもそういふ点が……〔田島〕（と田島の今迄申せし事も少しも御分りなく、相も変らぬ相対的に対等的の考へ方の仰せ故多少失望し、おわかりなき以上は今少し強い言葉も已むを得じと覚悟し）〔中略〕田島が先刻申上げて居ります事から申せば、陛下は宮様方と同列に立つての二二が四の一般理屈では駄目でありまして、向ふ様がこうだからこうだと彼是《かれこれ》仰せになります事は、陛下の御立場としては如何かと存じます。〔中略〕所謂桃李不言下自成蹊といふ事になるのかと存じます。親心で弟様方をも子の様に思ひになれば……と存ずるのでございます（コノ諺等を申し上げる条よりウンウンと力強く御応へになり）と申上げし処、〔天皇〕それなら宮様方も平等（此お言葉一寸了解に苦しみしも、結局田島のふれざりし直系皇族の方と平等との意味らしく拝せらる）といふ事は分つたが、それなら叔母様方はどうしたらいゝのか……〔中略〕〔田島〕どうか大原則を陛下は首長としておほらかに、多少の間違も包容して羊飼のやうな気持で願ひたいと存ずるのであります。[41]

天皇は、最初、田島の諫言を理解せず、皇族批判を繰り返したが、田島も「多少失望」しながらも「桃李不言下自成蹊」の諺を再度述べ、「親心で弟様方をも子の様に思ひになれば」と諭したところ、ようやく天皇は理解を示した（ように見えた）。

そして、この二日後（六月二四日）、天皇は、「まァ、私としては長官のいつた注意でつとめてやるから、その為のやり方の具体的の事は長官の方でもよく考へてくれ[42]」と田島の諫言を受け入れ、田島は、「（数日来の総決算の御言葉にて、申さば諫言的の申上げのこと御容認の御言葉と拝し恐懼す。且感激す）」と記している。

田島は天皇の言葉に感激し、安堵したが、一週間も経たぬ六月三〇日には、天皇はもう三笠宮への苦言を田島に語り[43]、八月には、三笠宮の外遊が「四、五年先なれば義宮〔天皇の次男〕さんの留学、又御視察とぶつかつて競争になり、六ケしくなる事[44]」と、はっきりと我が子優先の姿勢を示した。これには田島も「（此点数回強調なされ、心中先達て面を侵して申上げし事の応用は見事御落第ながら、目前に逼《せま》る問題でなきに、真向より先達ての『長官の主旨により力める』との事持出して申上げるも如何と存じ[45]」と落胆しつつも、とりあえずは受け流した。その後も、三笠宮が自分の「洋行準備委員会といふ様なもの」を作ってほしいと申し入れてくると、天皇は、

その委員会といふのも陸軍のやり方だ。そしてぐらつくのも陸軍だ。現にアッツ島の惨事もぐらついた為だ。一時は守るといひ、一時は又放棄するといひ、又守るといひ、ぐら〳〵した為にあゝなつたのだ。総て陸軍のわるい点を三笠宮はお持ちだ[46]

とアッツ島の玉砕（一九四三年五月）にまつわる陸軍の不手際まで持ち出して三笠宮を批判した。この時点ではすでに秩父宮は死去しているので、三笠宮は一人陸軍代表のような形で天皇の批判を受けている。天皇の皇弟批判は、天皇の軍部批判、天皇の被害者意識と表裏一体の関係にあるために、いくら田島が「親心」で接するように求めても、容易には改善されなかった。また三笠宮は、天皇が共産主義のカモフラージュとみなした平和運動にも接近していることから、過去の陸軍と現在の共産党という天皇のもっとも忌避するもの両方を体現する存在とみなされ、ひときわ厳しい目で見られていたのである。

一九五三年一〇月一二日に皇太子が欧米歴訪の旅から帰国し、一連の行事が終了した後で、一一月一六日に田島は天皇に退任の意思を伝えた。直接の理由は、判断力の低下ということであった。具体的には、私的な文書を宮内庁の職員に作成させてしまったというもので、そのことに気がついて、判断力の低下を悟り、五月一日に退任の決意をした、と天皇には述べている[47]。だが、宮内庁の改革（縮小整理）や象徴天皇制のあり方が一応、軌道に乗ったこと（天皇の政治的発言は続いていたにしても）、

皇太子の成年式・立太子礼・外遊といった主だった仕事が終了したことで、自らの仕事が一段落したと判断したのであろう。後任の長官を宮内庁次長だった宇佐美毅に託して田島は一二月一六日、宮内庁を去った。

本章では、昭和天皇の明治天皇観、三人の皇弟たちに対する認識、明仁皇太子に対する思いを確認することを通して、天皇の歴史認識・戦争認識の一端を探ってきた。天皇は明治天皇の「平和愛好」を「帝王学」の一環として学んでいたが、本章の冒頭で引用したように「明治天皇の時、日清、日露戦争で領土がふえた故、何だか侵略的の方のやうな誤解が世の中にある」としていることからも分かるように、領土拡張の侵略性についても一定の認識はあったと考えられる。だが、天皇の認識は、「平和愛好」を掲げながら日本の領土・勢力圏を拡大させていく明治天皇の時代の膨張主義（それは膨張を受ける側から見れば侵略ということになる）はなんら否定するものではなかった。本書第三章（九五〜九八頁）で見たように、天皇は朝鮮に対する植民地支配についてはなんら悔やんではいなかったし、「日本は敗戦前は実は兎に角名は世界の一等国の位に列して居つた。然し敗戦後の今日は三等国である」[48]と世界強国であったかつての日本への強い郷愁を抱いていた。そしてその日本を「三等国」に転落させた原因を作ったのは、ドイツと結んで国を破滅に牽引した軍部とりわけ陸軍であり、そのような勢力に自分は抵抗したが、「勢い」の赴くところどうすることもできなかったと天皇は歴史を振り返っている。それゆえ、その軍部の中にいた皇弟たちの言動に、軍の教育の影響や軍の行動様式を見つけ、怒りを抑えることができなくなるのである。そして、皇太子にも軍の影響力が及ばないように自分が守った（立太子礼を遅らせた）と認識している。

だが、戦争への「勢い」は誰にも止められなかったと天皇は繰り返し田島に強調しているが、軍人たちの士気を鼓舞し、強い使命感を持たせたという点で、その「勢い」を作ったことに天皇も深く関与し、重い責任を有していたということは紛れもない事実である。その点についてまで、天皇の「悔恨」と「反省」が及んでいたのかは、『拝謁記』においては定かでない。

注

（1）『拝謁記』第二巻九九頁、一九五一年五月七日の条。引用文中の〔　〕内は山田による補足（以下、同じ）。

（2）『昭和天皇実録』第六（東京書籍、二〇一六年）三二九頁、一九三三年八月二日の条。

（3）『拝謁記』第二巻、一〇一～一〇二頁、一九五一年五月一六日の条。

（4）なお、「明治百年記念事業」の一環として『明治天皇紀』全一二巻・索引が一九六八年に刊行されるが、これも「公刊明治天皇御紀」原稿によるものではなく、一九三三年に完成した『明治天皇紀』を、改めて宮内庁が校訂したものである。

（5）『昭和天皇実録』によれば、三上参次による進講は、昭和天皇が摂政であった一九二四年一月一四日の「明治六年の外交問題に就て」から始まり、明治維新史・維新元勲の事績・明治天皇の事績などについて少なくとも皇太子期に七回、天皇になってからも一九三二年九月二六日まで一九回、合計二六回が記録されている。
(6)『拝謁記』第三巻、一二頁、一九五一年一一月一一日の条。
(7)『拝謁記』第二巻、一〇二頁、一九五一年五月一六日の条。
(8)『拝謁記』第三巻、二五～二六頁、一九五一年一二月一三日の条。
(9)手塚和彰『日独伊三国同盟の虚構：幻の軍事経済同盟』（彩流社、二〇二二年）一一六～一一八頁。
(10)三人の軍歴等については、秦郁彦編『日本陸海軍総合事典』（東京大学出版会、一九九一年）を参照した。
(11)『拝謁記』第一巻、三七頁、一九四九年九月一九日の条。通常、天皇は弟たちを「秩父さん」「高松さん」「三笠さん」と呼んでいる。この資料で「秩父様」「三笠様」となっているのは、天皇の発言であるが、田島が通常、「秩父様」「三笠様」と呼んでいるので、そのように記述してしまったためと思われる。
(12)同前、一一九頁、一九五〇年三月八日の条。
(13)同前、一三六～一三七頁。一九五〇年五月二日の条。
(14)『拝謁記』第三巻、二八頁、一九五一年一二月一七日の条。
(15)同前、三四頁、一九五一年一二月二〇日の条。
(16)同前、二五頁、一九五一年一二月一三日の条。

(17)『拝謁記』第一巻、九頁、一九四九年三月二四日の条。
(18)『拝謁記』第四巻、四頁、一九五二年七月四日の条。
(19)同前。
(20)同前、一七〇頁、一九五三年二月二五日の条。
(21)『拝謁記』第五巻、八七頁、一九五三年七月一日の条。
(22)『拝謁記』第四巻、一八三頁、一九五三年三月一〇日の条。
(23)『拝謁記』第五巻、一八頁、一九五三年五月一八日の条。
(24)同前。
(25)『拝謁記』第一巻、七一～七二頁、一九四九年一二月一九日の条。
(26)『拝謁記』第三巻、九七頁、一九五二年二月二九日の条。
(27)同前、一〇二頁、一九五二年二月二九日（その2）の条。
(28)同前、一一一頁、一九五二年三月五日（その2）の条。
(29)『拝謁記』第四巻、八七頁、一九五二年一二月七日の条。
(30)村上重良編『皇室辞典』（東京堂出版、一九八〇年）二三五頁。
(31)『拝謁記』第四巻、一〇六～一〇七頁、一九五二年一二月一八日の条。
(32)『拝謁録』第二巻、三九頁、一九五〇年一二月二六日の条。
(33)『拝謁記』第一巻、二一一頁、一九五〇年九月一二日の条。
(34)『拝謁記』第四巻、一四二頁、一九五三年一月二〇日の条。

(35) 同前、一五六頁、一九五三年二月二日の条。
(36) 前掲『拝謁記』第五巻、一〇三頁、一九五三年七月二〇日の条。
(37) 同前、一二二頁、一九五三年八月一一日の条。
(38) 同前、六四頁、一九五三年六月一九日の条。
(39) 同前、六六～六七頁、一九五三年 六月二〇日の条。
(40) 同前、七二～七三頁、一九五三年六月二二日の条。
(41) 同前、七三～七四頁。
(42) 同前、八〇頁、一九五三年六月二四日の条。
(43) 同前、八三頁、一九五三年六月三〇日の条。
(44) 同前、一二七頁、一九五三年八月一三日の条。
(45) 同前。
(46) 同前、一三五頁、一九五三年八月二七日の条。
(47) 同前、一九二～一九四頁、一九五三年一一月六日の条。
(48) 『拝謁記』第二巻、二一三頁、一九五一年九月一一日の条。

第二部　支配システムとしての近現代天皇制

第五章　近代天皇制による戦争と抑圧

本章では、村山談話（一九九五年）のキーワード「植民地支配と侵略」の根源をなした近代天皇制による戦争・植民地（占領地）支配・抑圧の構造的一体性を論じたい。

まず、近代日本における戦争が、天皇の統帥権の発動のもとに、「脱亜入欧」思想と軍事同盟路線に依拠した膨張主義戦略にもとづいて遂行されたことを示す。そして、一連の戦争・出兵が、植民地・勢力圏獲得のためのものであったこと、戦争の帰結としての植民地（占領地）支配が、暴力・差別・懐柔（欺瞞）によって支えられていたこと、そして、戦争や植民地支配を行なう本国においてもそういったものへの反対を押さえ込む抑圧が制度化（法体系と道徳支配）していたことを明らかにする。

そして、平和創造のために、「植民地支配と侵略」としての日本近代史をリアルに見つめ直し、近代日本における平和の最大の破壊要因が何であったのか、私たちが過去の歴史の何から学ぶべきなのかを提起し、私たちにとって歴史認識問題とは、まさに過去を忘れずに見つめ、現在を考え、未来を構築するためにいかに大切なものであるのかを論じたい。

一　近代天皇制と戦争

1　脱亜入欧と軍事同盟戦略

日本が幕末・明治維新をむかえた一八五〇・六〇年代におけるアジアは、欧米列強による植民地と勢力圏拡張のための膨張・侵略政策の大波にさらされていた。その危機に対処するために、明治政府が急いだのは近代的軍隊の建設であった。今日から客観的に見れば、一八六〇・七〇年代という時代は、アメリカ合衆国が南北戦争という苛烈な内戦で疲弊《ひへい》し、欧州諸国がインド・中国における民衆反乱とバルカン半島をめぐる英・露衝突（クリミア戦争から露土《ろと》〈ロシアとトルコ〉戦争にいたる）の処理に忙殺されていた時期で、欧米列強は、日本を本格的に侵略する余力を持たなかった。

明治政府は、近代国家の実力組織として一八七一（明治四）年に御親兵《ごしんぺい》と四鎮台《ちんだい》（東京、大阪、鎮西

〈小倉のち熊本〉、東北〈石巻のち仙台〉）を設置した。その年一二月二四日に山県有朋《やまがたありとも》兵部大輔《ひょうぶたいふ》（大輔はのちの次官にあたる）らが政府に提出した「軍備意見書」では、常備兵・予備兵からなる徴兵制の導入、軍艦・沿岸砲台の建設、軍幹部養成学校や軍工廠《こうしょう》の設置を提案し、そのような軍備拡張を急がなければならない理由を「北門の強敵」ロシアの膨張に求めている。(1)

明治政府の指導者たちは、ロシアがいずれ中国東北部を侵略し、朝鮮半島にも進出するだろうという「ロシア脅威論」に立ち、そうなると日本も危ういので、ロシアよりも先に朝鮮半島に進出し、ロシア勢力をなるべく日本から離れたところで抑えようという国家戦略を選択した。これを朝鮮「利益線」論と言う。つまり、主権線＝国境線を守るためには、その外側に「利益線」というエリアを設定して、そこまで進んで先取しなければ主権線も守れないという攻勢防御の戦略であった。山県内閣総理大臣の帝国議会演説「外交政略論」（一八九〇〈明治二三〉年）はその典型である。(2)主観的には防御戦略だが、客観的には朝鮮半島に対する膨張・侵略戦略であった。

このような一八七〇年代に芽生えた朝鮮半島先取論とも言うべき攻勢防御戦略は、朝鮮・中国などの近隣諸国と協力して欧米列強の侵略に対抗しようというものではなく、一八八〇年代には侵略に備えるために自らも近隣諸国（まずは朝鮮）を侵すという政策となって具現化する。だが、一八八〇年代においてはいまだ中国（清国）は朝鮮半島に強い影響力を行使していたので、日本の朝鮮半島への膨張戦略は、ロシアよりも先に、清国との衝突（日清戦争：一八九四〜九五年）という形で現実のものとなる。

しかし、こうした近隣諸国への膨張・敵対戦略は、日本単独ではあまりにも危険な選択であったので、日本は、世界中でロシアと衝突しているイギリスと接近する戦略をとった。まさにこれは、「脱亜入欧」、アジアを脱してアジアを侵す存在となり、欧米列強の仲間に入ろうという国家戦略であった。だが、世界のパワーポリティクスは厳しいもので、日本がイギリスに接近すると、ロシア・フランス・ドイツの反発をまねき、それが日清戦争後の「三国干渉」（一八九五年：遼東《りようとう》半島の還付）となって跳ね返ってくることになる。とは言え、反ロシア戦略をとる限り、それはやむを得ないことで、ロシアとの対立が深まるにつれ、日本はさらにイギリスに接近し、ついに一九〇二年に日英同盟を結ぶに至る。日本は自らをイギリスの世界戦略の中に位置づけることによって、ロシアとの対決路線へと突き進むことになる。つまり、明治維新以来のロシア脅威論にもとづく「脱亜入欧」、欧米大国との軍事同盟路線の戦略が、日本を膨張と戦争へと進ませた、いわば平和破壊の第一の要因なのである。

2　天皇と統帥権

ロシアに対抗するために近隣諸国に膨張するという国家戦略が強まるにつれて、日本の軍隊はそれに対応した組織となっていく。明治維新直後から日本軍は、「天皇の軍隊」として構築された。前近代において、天皇の軍事大権が武家の棟梁（征夷大将軍）に帰したが故に「幕府」が生まれたという解釈を維新期の政府はとっており、「幕府」と新政府の違いを強調するためにも、新しい軍隊は、政府有力者の私兵であってはならず、「政府の軍隊」でもなく、「天皇の軍隊」でなければならなかった。そのため天皇は、軍隊を統率する権限を誰にも委ねず、自らが行使する統帥大権として保持することが求められた。

統帥大権を有する天皇による親率が日本軍の根本原理とされたことで、日本軍の性格が決められた。それは軍隊における天皇権威の濫用である。「軍人勅諭」（一八八二年）の「礼儀」の項に示された「下級のものは上官の命を承ること実は直に朕か命を承る義なりと心得よ」[3]との文言によって、上官の命令は天皇の命令とされた。命令を発する上官は、どのような下級の軍人でも部下がいるかぎり天皇の代理になりえたわけで、これが後には恣意的な権力濫用・独断専行の温床となった。

また、天皇の統帥大権を支える軍事官僚（軍事エリート）たちは、「統帥権の独立」（政府からの独立）を盾に、自らが属する組織・集団の権限・利益の拡大を図るようになった。陸海軍だけが、他の官僚組織とは異なり、独自の人材養成機関（陸軍：陸軍幼年学校・陸軍士官学校・陸軍大学校など、海軍：海軍兵学校・海軍大学校など）をもち、そこで純粋培養された人材が軍組織の中枢を独占したことは、天皇の統帥大権を支える自分たちの特権意識をより強くさせた。とりわけ日露戦争後には、軍学校出の軍事エリートが軍の中央機関の中枢を占め、「軍部」を形成して政治的発言力を強めた[4]。「軍部」は、天皇に直属するという権威を背景に膨張主義的国家戦略の担い手となり、それを実行する後ろ盾としての軍事力構築に邁進することになる。

3　天皇制軍隊による軍拡と戦争

日清戦争以来の「主権線―利益線」論は、当初は防衛的な性格も有していたが、日清戦争によって「利益線」としての朝鮮を清国の影響下から離脱させると、今度はロシアと朝鮮・中国東北部（満州）をめぐって衝突することになった。日英同盟を背景に、情報戦と外債による戦費調達で優位に立った日本は日露戦争にかろうじて勝利した。[5] だがその結果、一九一〇年には「利益線」だったはずの朝鮮半島を併合し、「主権線」化してしまう。「主権線」の外側に「利益線」を求める戦略発想から、今度は満州（特にその南部）が新たな「利益線」となった。日露戦争を経ることで「主権線―利益線」論は、常に外側に影響力を拡大していこうという対外膨張戦略へと転化したのである。

外側へ膨張しようとする戦略にもとづき日本の天皇制軍隊は、「天皇の威武」＝稜威《みいつ》を海外に広げるという使命感を強め、日露戦争後には軍部が主導して仮想敵国と所要兵力量を「帝国国防方針」（一九〇七年決定。以後、一九一八・一九二三・一九三六年に改定）に定めて天皇の裁可を得て、これを根拠に政府に師団増設と艦隊増強の予算を求め続けた。「帝国国防方針」によれば、陸軍はロシア（のちソ連）を、海軍はアメリカ合衆国を仮想敵に設定していたが、日本という一国が世界有数の陸軍国と海軍国に同時に備えるという身の丈にまったく不相応な軍事戦略と軍備拡張方針を有していたのである。そのため、世界の軍拡競争にも巻き込まれて日露戦争後も政府の一般会計に占める軍事費は増大し続け、一九二一（大正一〇）年度には対歳出比四九・〇％と、国家予算のほぼ半分を占めるに至った。[6] 膨張戦略にもとづく軍拡路線は、当然のことながら国家予算を強く圧迫した。

第一次世界大戦後も、シベリア出兵（一九一八〜二五年）、山東出兵（一九二七〜二八年）などの政略出兵（政治的な意図を持った海外派兵）が続いたが、軍部の膨張主義戦略を一挙に爆発させたのが満州事変（一九三一年）であった（満州事変の場合、一部の軍人による「国家改造」運動の一環でもあった）。「満州」（現在の日本の面積の約三倍の広さ）が事実上の「主権線」に近いものになると、今度はその外側への影響力増大を図る「華北分離工作」（華北の五省＝ほぼ「満州」と同じ広さを蔣介石政権の影響下から離脱させようという謀略）が軍部主導で推進された。そして、それが引き金となって盧溝橋事件（一九三七年）が日中全面戦争へと発展する。日中戦争は、「援蔣ルート」を設定して中国を支援する英・米・仏・ソ連の諸国と日本との対立を深め、一九四〇年、この泥沼から脱しようと日本は欧州で英・仏とすでに戦争状態となっていた独・伊と三国軍事同盟を結ぶが、これがかえって英・米との関係を決定的に悪化させ、アジア太平洋戦争（一九四一〜四五年）へと戦火を拡大させる結果となった。

明治以来の膨張主義的戦略は軍部が主導し、天皇や政治家が同調し、国民の多くが結果的にそれを支持するという構造の中で展開されたものであった。このような天皇の権威を背景にした膨張主義の構造化こそが戦前期日本の平和破壊の元凶であった。

二　近代天皇制による支配と抑圧

1　戦争の帰結としての植民地支配

明治期の「主権線—利益線」論に始まる対外膨張は、「利益線」＝事実上の植民地獲得のための戦争を誘発（例えば日清戦争）し、それを確保するためにさらなる戦争（日露戦争）を招いた。そして、その戦争の帰結が朝鮮半島への植民地支配の確立（一九一〇年：韓国併合）であった。日露戦争を自衛戦争とする意見もあるが、それは戦争当時の政府の宣伝を原型としたものである。日露戦争の講和会議（一九〇五年八～九月）で日本が何を主張したのかを見ると、この戦争の本質が分かる[7]。

講和会議に先立って日本政府が、ロシアに対して決して譲れない「絶対的条件」として閣議決定したのは、①日本による韓国の自由処分権、②ロシア軍隊の満州からの撤退、③遼東半島租借権とハルビン・旅順間鉄道の譲渡であった。①と②は日本の植民地権益の確保であった。そして、講和会議の直後に、韓国政府との間で第二次日韓協約（一九〇五年一一月）を結び、韓国から外交権を剝奪して、韓国に関する外交は日本外務省が行なうことを決定した。そして、韓国政府に対外発信ができないようにした後で併合に踏み切るのである。

その後も戦争のたびに植民地・占領地が拡大されていった。日清戦争（台湾）、日露戦争（朝鮮・遼東半島・南樺太）、第一次世界大戦（南洋群島）、満州事変（「満洲国」）、日中戦争（中国の占領地と仏領インドシナ）、アジア太平洋戦争（東南アジア・太平洋地域）というように、戦争が植民地・占領地支配を生み、それを維持・拡大するために次の戦争に踏み込むという「悪循環」であった。

2　植民地における抑圧

戦争は植民地支配を生み、植民地支配は抑圧を生む。日本が韓国を併合して九年が経過した一九一九（大正八）年に朝鮮で、日本からの独立を求める三・一独立運動が起こった。当時、ロシア革命（一九一七年）や第一次世界大戦後にロシア・ドイツ・オーストリア・オスマントルコなどの多民族支配国家における帝政が次々と崩壊し、多くの独立国家が生まれた影響で、民族自決主義（一つの民族は一つの国家をもつ権利を有するという考え方）が世界的に高揚していた。中国における五・四運動（一九一九年：旧ドイツ権益を日本が継承することをきめたベルサイユ講和条約への反発を契機にして起こった大規模な民衆運動）も、こうした潮流の中に位置づけられる。

　これらの影響から、朝鮮でも日本からの独立を求める動きが強まっていた。運動のきっかけとなったのは、日本本国に留学していた朝鮮出身の青年たちが東京・水道橋で発した二・八独立宣言だった。総督府（植民地を統治するために置かれた官庁）による抑圧に反発が充満していた朝鮮では、ただちにこの呼びかけに応える形で、三月一日、京城《けいじょう》（現ソウル）で独立宣言が発表され、多くの民衆が「独立万歳」を叫んだ。このソウルでの運動は、暴力に訴えるものではなく、平和的に実行された集会・デモ行進で、たちまちのうちに朝鮮全土に広がった。

　三月末までの間に一五〇〇回近いデモや騒動があり、のべ二〇〇万人の人びとが参加したと言われている。運動拡大の背景には、武断主義にもとづく日本の強圧的な植民地支配への民衆の根強い反発があった。総督府は、三・一独立運動に対して、日本本国から増援をえて軍隊と警察による徹底した武力弾圧を行ない、これから一年間に、朝鮮の人びとの死者は七五〇〇人、負傷者は一万六〇〇〇人（四万人説もある）、逮捕者は五万人近くに達した。(8) その後、総督府は、暴力と差別だけでは、支配が貫徹できないと見て、「文化政治」と称する朝鮮民衆懐柔と親日派養成が組み込まれた政策が展開されていく。

　しかし、当時の日本国内では朝鮮における独立運動は、反日「暴動」として報道され、「朝鮮人は恐ろしい」という差別的な恐怖心を多くの日本人に植え付けた。四年後の一九二三年に起きた関東大震災の際に、「朝鮮人が井戸に毒を入れた」「放火した」といった根拠のない流言飛語（むしろ官憲によって広められた）によって数千人（上海の大韓民国臨時政府機関紙「独立新聞」一九二三年一二月五日付によると六六六一人）におよぶ朝鮮人が虐殺されたのには、三・一独立運動に対する多くの日本人の恐怖感がその背景にあったものと思われる。[9]

植民地における抑圧は、歪んだ恐怖心を本国人にも植え付け、新たな抑圧・暴力・差別を生み出していくのである。植民地支配というものは、植民地の人びとに強い屈辱感を抱かせるとともに、本国（支配国）の人びとに理由のない優越感と差別意識を持たせるものであった。

3　日本国内における抑圧・動員の法体系

対外戦争を遂行するために、政府と軍は、日本国内における民衆抑圧と動員のためのシステムを構築していった。それは、①物的資源、②人的資源、③資金（戦費）を戦争へと動員するためのシステム、④戦争反対勢力を抑え込むためのシステムの構築であった。また、軍は⑤天皇を頂点とし、命令一下、将兵を死地に投ずる強固な指揮命令系統を築き上げるとともに、⑥国民が戦死を「名誉」と感じ、兵営や戦場からの離脱を許さない社会的な監視システム＝英霊サイクルのシステムを構築していった。[10]

諸システムのうち②人的資源の確保（兵役に対する国民の義務感と自主性の喚起を含む）と④治安維

持体制の構築は、戦争遂行体制の主柱をなすものである。戦争遂行可能な体制を作るということは、単に国民を軍隊に入れて訓練を施すだけではなく、戦争反対派・厭戦《えんせん》派を社会的に孤立させる治安対策が不可欠なのである。それゆえ戦争遂行のための法体系は、〈有事・治安維持〉法体系と括ることができる。(11) ここで戦争遂行に必要な〈有事・治安維持〉法体系の構造を確認しておこう。

日本の第二次世界大戦以前における〈有事・治安維持〉法体系は、天皇の大権を前提とし、①徴兵令＝兵役法を基層（第一層）にすえながら、②軍政型の戦時治安維持＝「戒厳」という考えが重なり、さらに③〈危機〉予防、④〈危機〉への能動的対処（平時よりの戦時対処法の確立、行政の軍事化）へと次第に重層化されていった。明治期に①・②が作られ、一九二〇年代以降一九四〇年代初頭までに③・④が構築された。ここでは、③・④について説明しよう。

戦前の〈有事・治安維持〉法体系の第三層にあたるのが、平時における〈危機〉予防の法体系である。この法体系の中心が治安維持法（一九二五年、一九二八・四一年改定）や国防保安法（一九四一年）と言える。また、〈危機〉予防の法体系は、防諜《ぼうちょう》法＝スパイ防止法の体系を不可欠の構成要素としている。(12) 防諜法には、軍機保護法（一八九九年、一九三七・四一年改定）、要塞地帯法（一八九九年、一九一五・四〇年改定）などがあり、とりわけ強力な防諜法が、国家機密の漏洩《ろうえい》防止を目的とし、最高刑を死刑とした国防保安法である。

そしてさらに、戦前の〈有事・治安維持〉法体系の重層構造の第四層として、戦時における行政の軍事化のための法体系が作られた。その中心的存在が国家総動員法（一九三八年）である。〈有事〉における能動的な対処法令としての国家総動員法は、国民を戦争に動員し、戦争遂行体制に積極的に組み込むための法令であった。国家総動員法の勅令万能主義（条文の実行は別に勅令を定めることで行なう）は議会の政府監督権限を合法的に減退させ、行政権力を極端に肥大化させたのである。

一九二〇年代以降の「国家総力戦」の時代においては、治安維持法によって戦争反対派を押さえ込み、国家総動員法によって多くの国民を軍需工場等に動員し、兵役法によって国民を戦場におくるというシステムが戦争遂行を支えたのである。

4　見えざる監視・動員システムとしての道徳支配

軍部に牽引された国家権力が膨張戦略にもとづいて戦争政策を遂行した時、前述したシステム＝法体系が国民を抑圧しつつ、軍需工場と戦場へと国民を駆り立てたことは確かであるが、天皇制の問題としてこの体制を捉えた時、このような垂直方向（上から）の抑圧・強制だけではなかったことが重要である。

それは、水平方向（横から）の抑圧・強制とでも呼ぶべきもので、国民や兵士相互の監視体制である。この監視は、まさに天皇制による「心の支配」と換言されるもので、決して法的なものではない。近代天皇制国家と軍隊の特徴は、法的規制とは別次元の道徳支配によってもコントロールされていたということである。

一般国民は、明治天皇によって示された道徳規範である「教育勅語」（一八九〇年）によって日常的に縛られ、「一旦緩急《かんきゅう》あれは義勇公《ぎゆうこう》に奉《ほう》し」ることが求められていた。これは、違反しても法的に罰せられるものではないが、こうした天皇から下された道徳律を軽視すれば、それは「非国民」とか「国賊」といった罵声と冷たい眼にさらされる社会が構築されていた。政府に不満があっても、天皇・皇族を表立って批判することはできず、姿勢や立ち居振る舞い、言動が常に踏み絵として国民を相互に監視させたのである。

軍人や戦場にいる国民は、軍の道徳律である「軍人勅諭」（一八八二年）と「戦陣訓」（一九四一年）によって精神的に拘束されていた。前述したように「軍人勅諭」では上官の命令＝天皇の命令とされており、「戦陣訓」は天皇の下《くだ》したものではなかったが、その「生きて虜囚の辱《りょしゅうはずかしめ》を受けず」という一節は、事実上捕虜になることを禁じたもので、アジア太平洋戦争中の「玉砕」や「自決」（民間人を含めて）を頻発させる原因となった。これらは、法律でもなんでもなく、したがって無視しても罰せられるものではなかったはずだが、法律以上の拘束力を発揮した。それは何故かと言えば、例えば「戦陣訓」は、捕虜になることを恥辱であるとしたが、これは本人だけの恥ではなく、親兄弟・一族・郷土・所属集団の恥であると結びつけることで、個人が抗し得ない精神的圧力を発揮したのである。これは、近代日本においては、明文化された法体系とは別に、人びとの心を支配する、見えざる監視・動員システムとしての道徳支配が貫かれていたことを示している。

三　私たちにとっての歴史認識の大切さ

1　歴史認識における欠落部分

私たちは、常々「戦後〇年」といった言い方をする。だがそれは、「植民地支配と侵略の終結から〇年」ということでもある。「八月一五日とはどういう日か」と問われた時、多くの日本人は「戦争が終わった日」と答える（「戦争に敗北した日」という人もいるだろう）。だが、占領地・植民地支配を受けてきた人たちは、「占領・植民地支配が終わった日」と捉える。ほとんどの日本人は「戦争が終わった日」であって、「植民地支配が終わった日」という観点がない。韓国・朝鮮人にとっては植民地支配から解放された日、「光復節《こうふくせつ》」である。八月一五日は「戦争が終わった日」というのは、歴史認識として間違いではないのだが、欠落した部分があるのだ。「植民地支配が終わった日」と捉える人たちがいることを意識しなくてはいけないのだが、この意識が日本では極めて薄い。植民地支配の記憶がほぼ消滅しているからである。

毎年八月になると、テレビなどのさまざまなメディアで、戦争の記憶を継承しようという取り組みが行なわれる。最近は、テレビでもドキュメンタリーかどうかわからない作品が多くなり、再現ドラマを挟んだりする番組が多くなっている。しかし、それでも戦争の記憶を継承しようという考え方であることに違いはないのだが、植民地支配の記憶というものはほとんど継承されていない。

植民地支配を経験した日本人はそもそも少ないので、それは当然のようにも思われるが、実はそうではないのだ。気が付いていないだけで、植民地支配は当時から日本国内でも違った形で姿を現していたのである。前述したように、植民地支配というものは、被支配者に屈辱感を、支配者に優越感と差別意識を植え付ける。優越感と差別意識によって眼が曇らされていると、現実が見えないのである。つまり、朝鮮から連れてこられた人への虐待であるとか、差別であるとかという形で、植民地支配が日本国内でも可視化されていたのに、その事実を見ていながら、見て見ぬふりをしていたのだ。そして、そのことをすっかり忘れ去ろうとしている。日本が朝鮮半島を統治していたのは一九一〇年の併合から三五年、第二次日韓協約から四〇年であるが、その二倍もの年月を経過しても、植民地支配が生んだ被支配地域の人びとの傷は癒されていない。また、これは自然に放置しておけば消えてなくなるという性質のものではないのである。

2　日本の近代史をリアルに見つめ直す

「植民地支配と侵略」、すなわち平和破壊の根源をなした近代天皇制による戦争・植民地（占領地）支配・抑圧はどのように生まれ、構造化していったのか。それを知るためには、日本の近代史をリアルに見つめ直す必要がある。

特に、戦争、植民地支配、人権抑圧の歴史をリアルに見つめ直す。戦争、植民地支配、人権抑圧はいわば三点セットである。例えば、前述したように、日露戦争は植民地獲得のための戦争で、その結果、朝鮮に対する本格的な植民地支配が始まった。植民地支配は、そこでの大規模な弾圧・人権抑圧をともなうものであるが、日本が韓国を併合した同じ一九一〇年には、日本国内では大逆事件が起きている。これは日露戦争時の戦争反対派に対する報復的な大弾圧であった。戦争をやろうとすると必然的に人権弾圧につながるのである。

したがって、戦争・植民地支配・人権抑圧を個別に評価してはいけないのである。例えば、「日露戦争が日本の国際的立場を上げた」というような形でバラバラに評価をするのではなく、その時代の特色として、戦争・植民地支配・人権抑圧を構造的に一体化したものとしてリアルに見直さなければならないのである。

そして、歴史のウラとオモテをリアルに捉え直し、いまだ克服されていない「負の遺産」があるとするならば、それを清算する努力を今を生きる私たちがしなければならない。過去の克服と近隣諸国との関係の改善は、簡単に進むものではないが、そうした過去を克服する努力こそが、現在と未来の平和を創造する確かな土台となるのである。

注

（1）大山梓編『山縣有朋意見書』（原書房、一九六六年）四三〜四六頁及び山田朗『軍備拡張の近代史――日本軍の膨張と崩壊――』（吉川弘文館、一九九七年）一二〜一三頁。

（2）大山前掲書、一九六〜二〇〇頁。

（3）陸軍省編『明治天皇御伝記史料 明治軍事史 上』（原書房、一九六六年）五二七頁。

（4）山田朗「軍部の成立」、『岩波講座 日本歴史 第16巻 近現代2』（岩波書店、二〇一四年）二五〇〜二八〇頁。

（5）山田朗『これだけは知っておきたい日露戦争の真実――日本陸海軍の〈成功〉と〈失敗〉――』（高文研、二〇一〇年）四五〜五四頁。

（6）前掲『軍備拡張の近代史』、八〇〜八二頁。

（7）山田朗『戦争の日本史20 世界史の中の日露戦争』（吉川弘文館、二〇〇九年）二〇六〜二一六頁。

（8）朝鮮史研究会編『朝鮮の歴史　新版』（三省堂、一九九五年）二六六〜二六九頁及びF・A・マッケンジー『義兵闘争から三一独立運動へ』（太平出版社、一九七二年）。
（9）西崎雅夫編『証言集・関東大震災の直後　朝鮮人と日本人』（ちくま文庫、二〇一八年）四〇四〜四一〇頁。
（10）吉田裕『日本の軍隊』（岩波新書、二〇〇二年）。
（11）山田朗「第二次世界大戦における日本の軍事的位置」、歴史学研究会・日本史研究会編『日本史講座　第9巻　近代の転換』（東京大学出版会、二〇〇五年）三〇四〜三〇七頁。
（12）荻野富士夫『昭和天皇と治安体制』（新日本出版社、一九九三年）。

第六章　象徴天皇制における「心の支配」

二〇一九年四月三〇日をもって「平成」が終わり、五月一日に徳仁《なるひと》天皇が即位（践祚《せんそ》）して「令和」が始まった。一八六八年に明治天皇の「詔《みことのり》」によって天皇一代を元号一つとする一世一元が制度化されてから（法制化されたのは一八八九年の「皇室典範」制定による）、明治・大正・昭和・平成が過ぎ、令和へと移行してきた。明治改元以来の日本の近現代を一九四五年の敗戦を境に戦前・戦後と分割すると、二〇二二（令和四）年に戦前七七年・戦後七七年となり、戦前と戦後は同じ長さに、二三年以降は戦後の方が長くなっている。このような時間的な経過を考えると、戦後のシステムとしての象徴天皇制は、どのような問題点を抱えたまま出発し、現在に至っているのか、象徴天皇制が包蔵している「支配」の機能はいかなるものであるのか、本章で考えてみたい。

一　システムとしての象徴天皇制の問題点

1　「人間天皇」の不徹底

戦後の象徴天皇制は、一九四六年一月一日の詔書、いわゆる昭和天皇の「人間宣言」から始まると言ってよい。詔書においては、天皇と国民との関係が次のように示された。

朕ト爾等《なんじら》国民トノ間ノ紐帯ハ、〔中略〕天皇ヲ以テ現御神《アキツミカミ》トシ、且日本国民ヲ以テ他ノ民族ニ優越セル民族ニシテ、延テ世界ヲ支配スベキ運命ヲ有ストノ架空ナル観念ニ基クモノニモ非ズ。(1)

ここでは、天皇＝「現御神《あきつみかみ》」「現人神《あらひとがみ》」が否定されているように見えるが、その否定の内実は、天皇を「神の裔《すえ》」であることを否定するものではなかった。

詔書のＧＨＱ案が示された時、天皇と侍従次長・木下道雄の間ではこのようなやりとりがなされていた。

〔天皇〕日本人が神の裔なることを架空と云うは未《ま》だ許すべきも、Emperor を神の裔とすることを架空とすることは断じて許し難い。そこで予はむしろ進んで天皇を現御神とする事を架空なる事に改めようと思った。〔木下〕陛下も此の点は御賛成である。神の裔にあらずと云う事には御反対である。(2)

このように、天皇も側近も、天皇が神の末裔《まつえい》であるとする「古事記」「日本書紀」からの神話を否定することはできない歴史認識を有していたのである。詔書は発してみたものの、「人間天皇」に徹しきれない天皇のあり方は、生きた人間を国家の象徴とする現代天皇制の非人間性とも言うべきものの源となったと言える。

2　憲法上の天皇規定と象徴天皇制の未完成

日本国憲法において天皇は次のように規定されている（丸数字は憲法の条項を示す。以下同じ）。

①「日本国の象徴」「日本国民統合の象徴」であり、この地位は「日本国民の総意に基く」とある。

②皇位は世襲、「国会の議決した皇室典範の定めるところにより」継承される。

③天皇の国事行為には、内閣の助言と承認が必要。

④天皇は、憲法が定める国事行為のみを行ない、「国政に関する権能を有しない」とされる。
⑤摂政も④と同様である。
⑥国事行為は、内閣総理大臣と最高裁判所長官の任命権をはじめ、
⑦内閣の助言と承認により行なう。
⑧皇室財産の授受は国会の議決に基づく。

①③④は、大日本帝国憲法と日本国憲法との違い（断絶）を明確に示すものであるが、②は旧皇室典範からの強い継承性を有している。

天皇の国事行為の旧憲法との対応性を検証してみると、天皇の国事行為とは、大日本帝国憲法下において天皇の権能によって実施された行為（統帥権関係を除く）がそれぞれ儀式化したものであり、天皇の疑似元首性が残存しているとも言える。例えば、天皇の国事行為としての任命権は、内閣総理大臣は、旧憲法第一〇条、最高裁判所長官は同第五七条を継承するものであり、その他の国事行為としての憲法改正・法律・政令・条約の公布は同第五条・第六条・第一三条を、国会召集は同第七条を、衆議院解散は同第七条、総選挙の施行公示は同第五条を、国務大臣や官吏の任免・全権委任状・大使公使信任状の認証は同第一〇条を、大赦等の認証は同第一六条を、栄典の授与は同第一五条を、批准書等の外交文書の認証は同第一三条を継承したもの、外国大使・公使の接受と儀式挙行は同第四条の趣旨を継承したものである。

憲法の規定上は、天皇の象徴としての行為は限定され、なおかつ脱政治化されたかに見えるが、歴

代の天皇・皇后が「象徴」のあり方を模索してきた、というのが現実であった。そのため、昭和・平成、おそらくは令和においても「国事行為」や儀式は拡大してきたのである。これは、旧憲法・旧皇室典範を継承することによって生ずる政治性の一つである。

3　「象徴」としての自覚がなかった昭和天皇

また「象徴天皇」となった最初の天皇である昭和天皇そのものに、当初は「象徴」としての自覚がなかったことも、明仁天皇に「象徴天皇」としての模索を強いた大きな要因である。

戦後の宮内府（のち宮内庁）長官・田島道治が書き残した『拝謁記』を見ても、昭和天皇は、政治への関与についての戦前の統治権の総攬者としての感覚がまったく抜けきっていなかったことは明らかである。

たとえば、一九五二年五月一三日に天皇と田島は次のようなやりとりをしている。

〔天皇〕元の憲法なら、私が真に国を思ふ立場から何とか動くといふ事もあるのだが、今はどうする事も出来ぬし、皆が心ある者が心配しながら、打つ手なしにしてるうちに大事に至るといふ事は軍部にやられた過去の経験だ。どうも心配だとの仰せ。〔田島〕御尤もなれども、うつかりした事は申上げられず、又出来もせず、只陛下の御軫念《しんねん》に同感の点を他の面より申上げる位の事のみ。[3]

天皇は、旧憲法下では「私が真に国を思ふ立場から何とか動くといふ事もあるのだが、今はどうする事も出来ぬ」ことを憂えている。五三年三月一二日にもこうしたやりとりがある。

〔天皇〕旧憲法でもどうかと思ふが、新憲法ではとても出来ないが、私が思ふに、真に国家の前途を憂ふるなら保守は大同団結してやるべきで、何か私が出来ればと思つて……との仰せ故、

〔田島〕仰せの如く旧憲法でもどうかと存じまするが違法ではありませぬ。新憲法では違反になります故、国事を御憂へになりましても何も遊ばす事は不可能でありますと申上ぐ。[4]

天皇は、「何か私が出来れば」と言い、田島に強く抑制されている。政治家に何か言いたい、やりたいという意欲を昭和天皇は強く有していた。同年五月一八日にも田島が、「今日天皇は新憲法で政治外交は陛下の遊ばす事ではありませぬから……[5]」と言ったことに対して、昭和天皇は、大臣の人事を「認証をしないといふ事がある」と総理大臣の任命などを拒む可能性を示唆している。さすがに、田島は即座に「(これは中々大変と思ひ) いえ、首相のは認証でなく親任でありまするが、之は議会で定めましたものを形式的に御任命になりますので之はどうも出来ませぬ」と応答している。

一九五〇年代になってもこのような状態であるから、四七年七月の沖縄に関する「天皇メッセージ」(米軍が長期にわたり沖縄を占領することを希望するGHQあてのメッセージ)は、例外的な事柄ではなく、何の抑制も働かなければ、天皇はこうした政府とは異なる政治的な意見を表明し続ける可能性があったと言える。「天皇メッセージ」当時の外務大臣であった芦田均が、首相になってすぐに取り

組んだのが、一九四八年六月の天皇側近の入れ替えで、宮内府長官に日銀出身の田島道治、侍従長に外務官僚出身の三谷隆信という二人の新渡戸稲造門下が任命されたのは、放置しておくと政治的に暴走する恐れがある昭和天皇を強く抑制する意味があったと思われる。

ただ、そうした役割を果たした田島であるが、一九五二年三月五日の拝謁の際には、「再軍備と憲法の問題。陛下より数回御話の件は、陛下が政治上の御意見を仰せになつたとは絶対にいはれませぬ」（が、吉田首相に）「話として申して置きました」(6)としており、再軍備のために改憲すべきとする天皇の執拗《しつよう》な要求を天皇が直接に吉田茂首相に言うことは阻止したが、結局、田島が天皇の意見を吉田に伝えている（本書では七七、九一～九五、三二、一〇二～一〇六頁などでこの問題を論じている）。

4　「象徴天皇制」の非人間性

天皇が「象徴」と規定された時には、生きた人間が生涯「象徴」を務め続けることの困難性については、ほとんど検討されていなかったと思われる。前述したように、天皇の「国事行為」や儀式への出席は、ほぼ戦前における天皇の統治権の総攬者としての行為を形式的に「脱政治化」したものであり、軍事関係の公務がなくなったものの、「象徴」としての行為は、時の政権の意向と天皇・皇后の希望によって増え続け、結果として「人間天皇」への過大な負担となって跳ね返ってくることとなった。

明仁天皇（当時）の生前退位問題はまさに「生涯の終わりに至るまで天皇であり続けること」の非人間性を明らかにしたものと言える。二〇一六年八月八日に発したビデオメッセージで次のように語っている。

天皇が健康を損ない、深刻な状態に立ち至った場合、これまでにも見られたように、社会が停滞し、国民の暮らしにも様々な影響が及ぶことが懸念されます。[7]

天皇自身が、憲法や皇室典範に規定されていない生前退位を実質的に希望する旨を表明することの問題性を内包するものの、国家の一機関・公職である天皇に退位の選択権がないというのは、明治以降に構築された天皇制の非人間性が、「象徴天皇制」の時代になっても継承されていることを示している。「人間」になったはずの「象徴天皇」と皇族には、日本国憲法が国民に保証する基本的人権も男女平等原則も適用されていない。生前退位と同様に女性天皇がシステムとして排除されているのは、旧皇室典範を継承した現皇室典範のなせるわざである。

天皇制の是非をいったん保留するにしても、現代における天皇・皇族の非人間的環境と自由のなさ、閉塞状況は、まさに現代日本の「象徴」であると言えるだろう。

二　象徴天皇制における「支配」の機能

1　現代における天皇・天皇制

憲法の規定上は「国政に関する権能を有しない」はずの天皇と天皇制にも、一定の支配機能がある。それは、天皇や皇族の個々の意思とは別に、常に天皇や天皇制を支配・統合に利用しようとする政治的なベクトルが存在しているためである。そうしたベクトルの基盤にあるのが、二〇一八年の「明治一五〇年」に顕著に現出した明治礼賛論である。これは、明治時代の「皇室典範」に規定された天皇のあり方の継続を求める、明治期の国家・天皇・国民のあり方を理想とする考え方であると言える。

2　昭和末期における「自粛」、令和改元時の「奉祝」

現代における天皇制の支配機能は、見えにくい面もあるが、天皇制による「心の支配」が厳然と存在していることを可視化させたのが、昭和末期における「自粛」と令和改元時の「奉祝」である。とりわけ一九八八年九月以降、天皇の死去をはさんで社会現象となった重苦しい「自粛」は、現代においても多くの日本人やマスコミが天皇制については、さまざまな「忖度《そんたく》」から「心の支配」を受けていることを示した。

また、元号によって断絶させられる歴史認識も一種の「心の支配」と言ってよかろう。明治・大正・昭和・平成・令和という元号によって時代を区分することは、時代の断絶性・非連続性を意識させやすい。戦争や植民地支配といった明治・大正・昭和の出来事が忘却され、平成時代の失政・停滞をご破算にした。平成をへて令和になることで、「新しい時代」が到来し、すべてリセットされたかのような錯覚をいだかせてしまうのである。こうした錯覚は、他国・他民族との歴史認識のギャップ（ズレ）をますます大きくすることはあっても、改善することには作用しない。

天皇制による「心の支配」といった場合、天皇・皇族が意図的に支配機能を発揮しているというよりも、それが利用されている側面が強いのであるが、「菊タブー」による威圧機能もその一つである。

例えば、令和改元前にテレビを中心としたマスコミは、次の年号（元号）は何か、といったクイズ的企画を乱発し、新元号の令和発表後はそれが従来の中国の古典ではなく「万葉集」由来であることを繰り返し伝えたが、中国由来の年号（元号）を日本以外では、君主制の廃止とともに現在ではどこでも使っていないこと、一世一元が明治以来の近代の産物であること、西暦・元号の二重の年号表示がいかに社会的なロスを生み出しているのかといったことにはまったくと言ってよいほど触れなかった。

天皇・天皇制に対する自由な報道、自由な議論はどれだけ存在するか、「国民の総意」に基づくはずの天皇制・天皇とは何であるのかが改めて問われたと言えよう。

3　「異端者」洗い出しの「踏み絵」機能

現代において天皇・天皇制の支配の機能は、人びとを天皇・皇室に対する姿勢・言葉遣いなどによって個別認証することによって発揮されている。この個別認証は、社会における「異端者」洗い出しの「踏み絵」として機能している。そして、さらに「踏み絵」や「心の支配」の道具として「日の丸」「君が代」「菊花紋章」「元号」「皇室美談」などが動員されている。これらの道具に対する「尊重」の刷り込みが、教育現場で展開されると、それは権威的なもの、伝統的（造られた伝統）なものへの無条件の「尊重」という心性の育成へと繋がっていくのである。

天皇・皇族・天皇制に対して「へたな事を言ってはいけない」という忖度は、研究者・教育者にも明らかに及んでいる。「立憲君主」と大元帥という光と影の両面を有していた天皇において、「立憲君主」研究に偏在する昭和天皇研究のあり方も、そうした忖度の結果なのかもしれない。

昭和（戦後）・平成・令和と続いてきた象徴天皇制は、天皇・皇族の非人間的環境・自由のなさ、閉塞状況とそれに無条件の「敬意」を表することを求められている国民の不自由さを増幅させている。天皇・皇族と国民の不自由さの負のスパイラルとも言えるだろう。

＊　＊　＊

改元と新天皇の即位の礼・大嘗祭《だいじょうさい》は、天皇・天皇制のあり方の自由な議論の必要性を改めて提起した。テレビなどでの報道では、大嘗祭のことを「新天皇が初めておこなう新嘗祭《にいなめさい》」といった解説がなされている。これも、元号・改元の報道と同様に、歴史的な本質をとらえ損なった見方である。天照大御神《あまてらすおおみかみ》との共寝《きょうしん》儀式による天皇の神性獲得という性格こそが、大嘗祭という儀式の本質部分である。そもそもこのような宗教的・神話的な本質を有する大嘗祭のあり方自体が、議論されなければならないことである。

「象徴天皇制」は未完成である。天皇制のさらなる脱政治化、脱「踏み絵化」、脱「象徴」（造られた伝統）信仰への問いかけを私たちは常に発していく必要がある。

注

（1）宮内庁編修『昭和天皇実録』第十（東京書籍、二〇一七年）三～四頁。引用文中の〔　〕は山田による補足で、以下同じ。
（2）木下道雄『側近日誌』（文藝春秋、一九九〇年）九〇頁、一九四五年一二月二九日の条。
（3）『拝謁記』第三巻、二二二頁、一九五二年五月一三日の条。
（4）『拝謁記』第四巻、一八八頁、一九五三年三月一二日（その1）の条。
（5）『拝謁記』第五巻、一七頁、一九五三年五月一八日の条。
（6）『拝謁記』第三巻、一〇八頁、一九五二年三月五日（その1）の条。
（7）『毎日新聞』デジタル版二〇一六年八月八日一五時一二分（最終更新八月八日一七時二五分）。

【参考文献】

（1）奥平康弘『「萬世一系」の研究：「皇室典範的なるもの」への視座』（岩波書店、二〇〇五年）
（2）歴史科学協議会編『天皇・天皇制をよむ』（東京大学出版会、二〇〇八年）
（3）山田朗『日本の戦争：歴史認識と戦争責任』（新日本出版社、二〇一七年）
（4）宮地正人監修『増補改訂版・日本近現代史を読む』（新日本出版社、二〇一九年）
（5）山田朗『日本の戦争Ⅲ：天皇と戦争責任』（新日本出版社、二〇一九年）

第三部　歴史から何を汲み取るか

第七章　戦争の記憶をどのように継承するか

――〈表の記憶〉と〈裏の記憶〉――

一八六八年の明治維新から一九四五年の敗戦までを戦前、敗戦から今日までを戦後と区分すると、二〇二二年に戦前と戦後はともに七七年になった。七七年という時間の長さは、アジア太平洋戦争の頃の人びとが幕末や戊辰《ぼしん》戦争（一八六八～六九年）の頃を回顧するのとほぼ同じ長さということである。

現在では、当たり前のことだが、敗戦時に一〇歳だった人、すなわち戦時の記憶を有する最も若い世代に属する人が八〇代末に、一九歳だった人（徴兵年齢は一九四四年から一九歳に引き下げられた）、すなわち軍隊体験を有する最も若い世代に属する人が九〇代半ば以上になったということである。ただ、厳密に言えば、当時の国民学校（小学校）高等科を出て（現在の中学二年生修了の一四歳で）、すぐに「少年兵」という形で軍学校の生徒になった人びともいるが、それでも現在は九〇代であり、軍隊体験者は本当に少なくなったということである。

戦争体験世代あるいは、戦争や戦時の生活を少しでも記憶している世代は、もはや圧倒的な少数派になっている。総務省統計局のデータでは、戦争・戦時を自らの体験として有している人びと（敗戦時一〇歳以上と仮定）が日本の総人口に占める割合は、すでに二〇一三年の段階で一〇％を切り、現在（最新の統計は二〇二一年一〇月現在）では四・三％ほどにまで減少している。[1]

戦後八〇年近くという歳月の経過は、〈体験〉や〈証言〉として戦争・戦時が語られる時代から、極めて少数派となった戦争体験者と圧倒的多数派となった非体験者によって再構成された戦争の記憶が、非体験者からさらに次の世代の非体験者へと継承される時代になったということを示している。

本章では、戦後八〇年近くが経過したという現時点で、私たちはどのように戦争の記憶を継承したらよいのか、戦争体験者の記憶の継承だけでなく、非体験者による〈記憶の発掘〉、非体験者からさらなる次世代への継承のあり方について、戦争の〈表の記憶〉と〈裏の記憶〉という両面から検討し、非体験者の〈忘れない責任〉について論じてみたい。

一　戦争の記憶の希薄化

戦争の記憶の希薄化が語られるようになってすでに久しいものがある。すでに戦後三〇年・四〇年・五〇年といった節目が訪れるたびに、戦争体験の「風化」が叫ばれ、戦争の記憶の継承が強く意識されてきた。

戦争の時代を生きた人びとの生の〈体験〉が、継承対象者を意識したり、あるいは継承者によって引き出されることによって〈証言〉となり、それらが体験世代の次世代・次々世代に継承されつつ再構成されて〈記憶〉となっていく。戦争体験者の〈体験〉は、〈証言〉、〈記憶〉というプロセスを経て、社会的に定着していくのである。つまり、戦争の記憶は次世代に継承されつつ、さまざまな位相の記憶が再構成されて、次第に公的な記憶（「公共の記憶」という言い方もある）となり、いずれ〈歴史〉となっていく。

しかしながら、現代における重要かつ深刻な問題は、〈体験〉〈証言〉が土台となって、一部では戦争の記憶が一定の課題意識のもとに整理・継承されているにもかかわらず、日本社会全体としては、戦争の記憶総体の希薄化が進展していることである。この希薄化の背景には、戦争の記憶の継承のされ方、記憶の私的継承の断絶という問題がある。

戦争の記憶の継承は、一般の記憶の継承と同様に、大別して私的継承と公的継承（公的な記憶の構成）とに分けられる。私的継承とは、個人や家族で継承されるミクロなものであり、公的継承とは教科書記述に代表されるマクロなものである。私的継承として個人・家族において継承される私的な記憶は個別具体的で特殊なものを多く含んでいるが、それが地域や社会集団の中で集約され、同時代人の共通体験として意識されるようになったものが公的記憶＝〈集団的記憶〉と表現されるものである。

この公的記憶はその時代を生きた人びとの私的な記憶群の最大公約数のようなもので、この公的記憶を土台にして構成・叙述されたもの（教科書など）を使って学校などで社会的に記憶を継承するのが公的継承ということになる。個人の記憶から始まった記憶の継承は公的継承の段階をへて、いずれ〈歴史〉としての継承へとつながっていくのである。つまり、①私的継承→②〈集団的記憶〉→③公的継承→④〈歴史〉化という流れが設定できる。

ただし、ここで重要なことは、公的記憶＝〈集団的記憶〉がそのまま〈歴史〉になるわけではなく、そこには一般には忘却されていたが、新たに〈発見〉〈発掘〉された記憶が組み込まれる形で〈歴史〉化が進展するのである(2)。

だが、改めて注意しなければならないのは、記憶の私的継承が断絶してしまうと（特定の事柄が個人・家族のなかで継承されないと）、公的記憶も形成されにくくなり、あるいはきわめて希薄化した公的記憶しか形成されず、公的継承に結びつきにくくなるということであり、社会全体の記憶の希薄化をさらに押し進めてしまうということである。現在における記憶の私的継承断絶の最大の原因は、少子化と核家族化である。三世代同居家族は急速に減少するとともに、戦争の記憶を有する高齢者が独居したり、施設で暮らすことが多くなり、子・孫の世代と接する機会も非常に限られるようになっている。このような状況のもとでは、家庭の中で戦争や戦時中の記憶が継承される機会がほとんどなくなっている。記憶の私的継承が断絶しつつあるのである。

記憶の私的継承が断絶しつつある状況において、私たちは何をどのように継承していったら良いのか。「どのように」については後で検討することとし、まずは「何を」について考えてみよう。

二　戦争の〈表の記憶〉と〈裏の記憶〉

戦争の記憶には、明らかに〈表の記憶〉と〈裏の記憶〉と言えるものがある。

〈表の記憶〉とは、前述した①私的継承→②〈集団的記憶〉→③公的継承が比較的形成されやすい分野の記憶であり、具体的には〈栄光〉と〈被害〉というキーワードでまとめられる。戦争の〈栄光〉の部分、例えば「勝ち戦」や凱旋《がいせん》の記憶、それから、戦争の〈被害〉の部分、たとえば空襲体験や疎開の記憶、これらは、家族の中で親から子へと比較的語りつがれやすいものと言える。ただし、〈被害〉の度合いが極端なものになればなるほど、〈体験〉〈証言〉として語られるまでに（トラウマが癒されるまでに）、長い歳月を必要とされる場合もあるので、〈被害〉の記憶が自動的に継承されるわけではない。晩年になるまで、戦争の記憶を語ろうとしなかった人が少なくないのはこういった要因もある。

その一方で〈裏の記憶〉とは、私的継承が明らかに断絶しやすい分野の記憶であり、まさに戦争責任の問題に直結するものである。そのキーワードは〈秘匿〉と〈加害〉と言えるだろう。戦争の〈秘匿〉すべき部分、例えばスパイ行為の記憶、戦争の〈加害〉の部分、例えば、戦地や占領地での残虐行為や違法行為の記憶は、ほとんど家族の中で親から子へ、孫へとは語りつがれないものである。すなわち、戦争の記憶の私的継承が断絶する要因としては、その記憶が、家族（とりわけ子ども）に話せないことである場合（残虐行為など）、社会的な圧力（有形・無形の）によって話せない場合（天皇・〈秘密戦〉など）があると言える。戦争責任論とりわけ戦争犯罪論として取り上げられる〈秘匿〉と〈加害〉が同時にかかわるような問題（組織的な残虐行為・性暴力・謀略など）は、私的継承がなされないだけではなく、そのような記憶を抹殺しようとするベクトル（発言者への暴力・圧力）さえ働くことがしばしばある。吉田裕氏が明らかにしたように、旧軍人たちで構成された「戦友会」の中には、自分たちの行なった残虐行為などについて口外している人物がいないかどうかを監視する機能を持ったものもあった(3)。

記憶の私的継承がなされない戦争の〈裏の記憶〉の部分は、当然のことながら公的記憶は形成されにくく、公的記憶を土台とする公的継承もほとんどなされない。したがって、こうした戦争の〈裏の記憶〉の部分については、研究者や教育者、あるいは市民が史実を掘り起こし、意識的に記憶を〈発見〉〈発掘〉し、その継承を図らないと、記憶は歴史の闇の中に消え去ってしまうのである。私たちは、過去の歴史から十分な知見を得ようとするならば、戦争の〈表の記憶〉だけでなく、継承されにくい、あるいはすでに消滅しかかっている〈裏の記憶〉をも、時にはそれを〈発見〉〈発掘〉しつつ継承していくことが必要なのである。そして、そうした記憶の〈発見〉〈発掘〉のための土台を形成するのは、研究者や教育者の取り組みだけではなく、それを支える一般市民や学生たちの活動（例えば戦災記録運動や戦争遺跡の保存運動など）が非常に重要なのだ。

三　戦争の〈表の記憶〉継承の必要性

次は戦争の記憶を「どのように」継承するか、という問題である。戦争の記憶の継承について、まずは〈表の記憶〉を細分化して、それらの記憶の継承の仕方について検討してみよう。

1　〈栄光〉の記憶の批判的継承

戦争の〈表の記憶〉として最も継承されやすいものは、「勝ち戦」の〈栄光〉の記憶である。こうした〈栄光〉の記憶の中には、長年にわたって無批判に継承されてきた〈神話〉が組み込まれていることがある。こうした虚構の〈神話〉は、今日においてはインターネットを通じて広く伝播《でんぱ》してしまっているものも少なくない。例えば、今日においても、日露戦争（一九〇四～〇五年）の旅順攻防戦において、日本軍はロシア軍の機関銃によって多大な損害を出したが、日露戦争後、しばらくすると「日本軍には機関銃がなかった」「それにもかかわらず日本軍は勇戦力闘して勝利した」という日本軍の白兵《はくへい》突撃を称揚する〈神話〉が形成され、それが今日にいたるまで一部で継承されている。しかし、実際には、日本軍に機関銃がなかったどころか、日本軍は一〇年前の日清戦争（厳密に言えば講和後の台湾征服戦）においてすでにマキシム式機関銃を使用している。また、日露戦争時にはロシア軍より多数の機関銃を保有・配備していた。旅順攻防戦においてもそうであった[4]。これは、物量や機械力に頼らなくても勝てる日本軍という文脈から生まれた〈神話〉と言えるが、こうした戦争の記憶（このあたりの出来事はもう〈記憶〉というよりも〈歴史〉として扱ってよいものだが）は、無批判に拡散してはいけないものである。

それから戦争の記憶には〈軍神〉がよく登場する。〈軍神〉という概念は、勇猛果敢に戦って、日本軍を勝利にみちびいたが戦死してしまった軍人を褒め称えるために作られたものである。日露戦争の時に、海軍の「広瀬中佐」、陸軍の「橘中佐」から始まり、満州事変以降、「肉弾三勇士」「西住《にしずみ》戦車長」「九軍神」（真珠湾攻撃をした特殊潜航艇）、「空の軍神加藤建夫」など多数の〈軍神〉が戦意高揚に使われてきた。しかし、研究の結果明らかになったのは、日露戦争以来の〈軍神〉は、たいていの場合、作戦の〈失敗〉を糊塗《こと》するために使われたものだったということである。(5)

また、戦争の記憶には、〈歴史認識〉に深くかかわっているものもある。例えば、日露戦争やアジア太平洋戦争はアジア解放のための戦争（白人帝国主義への抵抗）だったとする言説が今でもある。しかし、これは一九三〇年代以降、日本の戦争と植民地支配を正当化するために政府や軍部が行なった世論誘導のための宣伝を、現在においてもそのまま継承・拡散している人がいるためである。戦時における宣伝がそのまま戦争の記憶として残っていたり、そういった宣伝内容を「新しい事実」として発表する人もいる。

いずれにせよ、〈栄光〉にかかわる戦争の記憶には、戦争の時代の〈宣伝〉と深くかかわっていることが多く、昔から言い伝えられていることだからと、無批判に継承してしまうことには注意を要する。

2 〈被害〉の記憶の継承：兵士たち

今日、戦争の記憶として継承されているものの大多数は、兵士や民間人の〈被害〉に関するものである。それほど、戦争の時代には、多くの人びとが理不尽な苦難を強いられたということを意味する。

まず、兵士たちの〈被害〉の記憶を見てみよう。軍隊経験者、とりわけ徴兵されて軍隊に入った人びとが異口同音に語るのが、内務班（国内の兵営）や訓練（演習）での苦難の記憶である。兵士たちは、兵営では古兵《こへい》（上級年次の兵士）からの理不尽なイジメにあい、現在では考えられない過酷な訓練によって肉体的にも精神的にも疲労困憊《こんぱい》の毎日であった。軍隊という閉鎖社会で、しかも当時の軍隊では、〝上官の命令は朕〔天皇〕が命令〟（軍人勅諭の文言）とされていた。古兵や上官がどのような無理難題を押しつけてきても、それを拒否することはできなかった。こうした記憶は、すでに多くの回想録の類となって蓄積されている。私たちは、それを改めて読み直し、当時の軍隊の実態を示すものとして継承していく必要がある。

兵営を離れて戦地に向かう際の苦難も多く記録されている。アジア太平洋戦争後半期（おおむね一九四三年以降）になると、戦地へ輸送中の危険度は、極めて高くなった。米軍潜水艦による攻撃によって輸送船が沈没し、多くの将兵が犠牲になった。「海没《かいぼつ》」と表現される無残な死であった。そしてなんとか無事に戦地に到着しても、日本軍の場合、行軍中の苦難は筆舌に尽くし難いものがあった。三〇キログラム以上もある装具を各自で担いでの一日三〇キロメートル以上の徒歩行軍の艱難辛苦《かんなんしんく》は、行軍中に多くの自殺者を出したほどであった。戦争末期の中国戦線では、兵士の体力の低下も著しく、前線に到着するまでに多くの補充兵が落伍したり、今で言うところの熱中症で命を落としたりした。また、輸送力が貧弱な日本軍は、兵士たちに食糧の「現地調達」を求めた。行軍するだけでなく、その日の食糧を探し、「徴発」という名の略奪をせざるをえないこともしばしばであった。「現地調達」は住民との摩擦を生み、残虐行為を発生させる大きな原因の一つになったのである(6)。

戦場での苦難・犠牲も大きなものであった。アジア太平洋戦争中、日本軍は、連合国軍の攻勢に備えるために、薄く広く守備兵力をばらまいた。その結果、攻撃する側は、常に日本軍側よりも優勢な戦力を戦場に集中し、日本軍は劣勢に立たされることが多かった。兵力不足や作戦ミス、指揮官のミスが兵士たちに多くの犠牲を強いた。また、食糧と医薬品の不足から兵士たちは常に飢餓と疾病に苦しめられた。特に食糧の現地調達ができない南方の島々では、戦闘による犠牲者よりも餓死・病死の方がはるかに多く、戦没した軍人・軍属二三〇万人のうち餓死者は実に一四〇万人にも上ったとの推計もあるほどだ(7)。

また、戦闘に際して、捕虜になることを禁じられていた日本軍は、捕虜になって助かる道を選ぶことはほとんどの場合できず、自暴自棄の突撃を強いられたり、自決を強要されたりしたことも多くの証言が残されている。

これらの戦場体験を語れる人は、本当に少なくなってしまったが、残された著作・回想・証言は多数に及ぶので、私たちはそれらを読み直すことで、戦争の記憶をあらためて復元していくことが可能である。また、博物館でそういったことを確認することも可能だ。靖国神社の遊就館《ゆうしゅうかん》（東京都千代田区九段北）という軍事博物館は、前述した〈栄光〉の記憶を継承しようとするものだが、むしろ戦争当時の価値観を知るという視点で見学するのも良いだろう。平和祈念展示資料館（東京都新宿区西新宿）としょうけい館（戦傷病者史料館・東京都千代田区九段南）には戦争における兵士・抑留者の苦難の記憶継承という点では参考になる展示が多い。

3　〈被害〉の記憶の継承：民間人

戦争では、多くの民間人が〈被害〉を受けた。日本の場合、アジア太平洋戦争での戦没者は三一〇万人、そのうち軍人・軍属は二三〇万人、民間人は八〇万人とされている。アジア太平洋戦争は三年八カ月（四四カ月）であるが、民間人の犠牲者はほぼ一九四四年一〇月一〇日（南西諸島への米機動部隊の大空襲）以降、一九四五年八月一五日までの最後のほぼ一〇カ月間（戦争の期間の四分の一）に集中している（ただし、それ以前にもサイパン島「玉砕」などにともなう民間人犠牲者が出ている）。軍人・

軍属は四四カ月間に二三〇万人が死亡しているのであるから一日平均一七四〇人であるが、民間人は実質一〇カ月間で八〇万人であるから一日平均二六七〇人ということになり、あくまでも計算上のものであって実態とは異なるが、戦争末期における民間人の犠牲者の多さを実感することはできよう。

サイパン島や沖縄、「満洲国」・樺太では、一般市民も「軍民一体」を強要され、戦闘に巻き込まれたり、「自決」を強要されたりした。これは、きわめて悲惨な戦争の〈被害〉の記憶である。日本国内における〈被害〉の最大のものは、東京大空襲を始めとする一連の都市空襲と広島・長崎への原爆であることは言うまでもない。東京大空襲は、一〇万人と推定される厖大《ぼうだい》な犠牲者を出した。当時の「防空法」によって、火災を消火せずに退避することが禁じられていたために犠牲者が増大した。一九四五年三月当時、大都市で大きな人的犠牲が出た理由の一つである。都市空襲と原爆による悲惨な記憶は、書き残されたものとして、映像資料として、博物館の展示として重要なものが多数あり、それを非体験世代がさらに若い非体験世代に継承する条件は整っている。

一般市民の〈被害〉の記憶を継承する博物館としては、広島平和記念資料館（広島県広島市）、東京大空襲・戦災資料センター（東京都江東区北砂）、沖縄県平和祈念資料館（沖縄県糸満市摩文仁《まぶに》）、ひめゆり平和祈念資料館（沖縄県糸満市伊原）などが、記憶の継承を目的意識的に追求したすぐれた展示を行なっていることで知られている。

銃後における一般市民・学生の戦争の記憶としては、徴用や勤労動員が空襲・戦災の記憶と重なって記録されていることが多く、戦時中の社会を知る上で、記憶の〈発掘〉と継承が求められている分野である。

また、市民の〈被害〉の記憶という点では、疎開体験は重要である。これは、集団疎開の対象となった人びとが、当時一〇歳前後であった関係で、現在、都市部で聞き取りなどを行なうと、疎開の記憶が多く〈発掘〉される。一般的には、学童集団疎開の人びとの苦難が語られることが多いが、最近では、疎開者を受け入れた地域社会の負担についても語られるようになっている。(8)

四　戦争の〈裏の記憶〉継承の必要性

次に、社会的に継承されにくく、それだからこそ、意識的に継承の努力がなされる必要がある〈裏の記憶〉について、〈秘匿〉と〈加害〉をキーワードにして検討しよう。〈秘匿〉と〈加害〉は、重なり合うことも多いのだが、一応、最初は二つを分けて論じることにする。

1　〈秘匿〉された記憶の継承

〈秘匿〉された記憶の典型は、〈秘密戦〉にかかわるものである。〈秘密戦〉とは、日本陸軍の定義によれば、諜報《ちょうほう》（スパイ活動）・防諜（スパイ摘発）・謀略（敵側を混乱させる行為）・宣伝（戦時プロパガンダ）に分けられる。(9)これらのうち、防諜活動には、外事警察・特高警察・憲兵などが関与していたし、諜報活動には、これらの機関に加えて外地の特務機関・中野学校（後方勤務要員・残置工作員）などがかかわっていた。また、謀略活動には、暗殺・破壊工作・後方（本国）撹乱《かくらん》などが加わり、参謀本部や出先軍の指揮のもとに憲兵や中野学校出身者を中心とする特務機関が、極秘裏に遂行していた。内外の世論誘導のための宣伝工作も政府機関（情報局）や軍部によってさまざまなレベルで遂行されていた。これら当時から強く〈秘匿〉が求められた〈秘密戦〉については、記憶の継承とはいっても、そもそも継承すべき情報がきわめて限られているから、後世の人びとがその記憶を〈発掘〉する必要がある。

〈秘密戦〉に関する記憶の〈発掘〉と継承という例として陸軍登戸《のぼりと》研究所をあげてみよう。登戸研究所は、陸軍の〈秘密戦〉のための兵器・資材を研究・開発・生産する施設として一九三九年に川崎の生田《いくた》村に開設された（電波兵器実験施設は一九三七年にすでに設置されていた）。現在、その場所は、明治大学生田キャンパスになっている。この研究所では、最盛期には一〇〇棟をこえる施設に、一〇〇〇人もの人たちが勤務し、「怪力線」と呼ばれた電波兵器（強力な電磁波による飛行機の撃墜、人員の殺傷を狙った兵器）、アメリカ本土を攻撃した風船爆弾、スパイが使う暗殺用毒物、敵国の食糧生産に打撃を与えるために動植物を死滅させる生物化学兵器、敵国経済を混乱させるための偽札《にせさつ》などが生産されていた。[10] 毒物研究のために中国（南京）の一六四四部隊（中支那防疫給水部）で中国人捕虜を使った人体実験も行なっていた。どれをとっても〈秘匿〉を要するものばかりで、戦中は当然のこと、戦後になっても関係者は固く口を閉ざし続け、戦争の記憶としては、まったく語り継がれていなかった。

しかし、戦後四〇年以上がすぎた一九八〇年代末に、川崎と大戦末期に研究所が移転した長野県伊那地方（駒ケ根）の高校生たちが、それぞれ先生に指導されながら、研究所の元所員たちに聞き取り調査を始めた。彼らの最初の関心は、「地元の歴史を知り、文化祭で発表したい」という素朴なものであった。だが、高校生たちに繰り返し接することで、それまで登戸研究所の記憶は「墓場までもっていく」と決めていた元所員たちも、次第に歴史の真実を残しておかなければ、という気持ちになり、徐々に研究所で何が行なわれていたのかを話し始めたのである。[11] この高校生たちと教員の地道な活動をきっかけにして、研究所の元幹部であった伴繁雄氏が、『陸軍登戸研究所の真実』（芙蓉書房出版、二〇〇一年、原稿は一九九三年に完成）を執筆し、登戸研究所の全体像が初めて世に知られることになったのである。伴氏の証言をきっかけに元所員の方が次第に口を開くようになり、研究所の実態が明らかになっていった。この研究所があった場所に戦後（一九五一年）になってキャンパスを設けた明治大学は、二〇一〇年に明治大学平和教育登戸研究所資料館（神奈川県川崎市多摩区）を開設し、学生の教育に活用するとともに一般にも無料で展示を公開し、毎年、企画展も実施している。

登戸研究所の事例は、〈裏の記憶〉が戦後になって、戦争非体験世代によって〈発掘〉され、一度は消された記憶が復元されたものの一つである。戦争の記憶の継承という点で、この事例は、すでに語られていることや刊行されているものの継承だけが、記憶の継承ではないことを示したものとも言える。また、登戸研究所の記憶の〈発掘〉は、〈秘匿〉だけでなく、〈加害〉の分野の記憶の継承でもあるという点で意義深い。

2　〈加害〉の記憶の継承

戦争の記憶の継承において、最も困難と苦痛を伴うのが、〈加害〉の記憶の継承である。戦争においては〈加害〉と〈被害〉の両面があり、特に満州事変以降の日本の戦争には、さまざまな〈加害〉の側面が伴ったことは確かである。これは、今日、私たちが冷静に直視しなければならないことである。

例えば、戦地における残虐行為（虐殺・略奪・性暴力）は、まさに親が子に語れない記憶の典型とも言える。「南京大虐殺」や「三光作戦《さんこうさくせん》」、戦時性暴力としての「慰安婦」の問題、中国大陸における毒ガス・細菌兵器の使用、重慶《じゆうけい》などへの戦略爆撃の事例などは、記憶の継承どころか、そういった記憶を抹消しようという歴史修正主義的なベクトルが常にはたらいている。したがって、そうした流れに押されてそのまま放置すれば、記憶を語る人も継承する人もいなくなり、記憶は強引に歪曲され、〈加害〉の事実が歴史から消されてしまうことになる。

このような分野を語ると必ず、それは「自虐的だ」とする言説が現れるが、過去の歴史を直視し、反省することと「自虐」とは根本的に違う。「自虐」は何も生み出さないが、直視と反省は、新しい未来を生み出す力をもっているからである。

ここで、〈加害〉の記憶の継承の難しさということについて、少し私の個人的体験を紹介したい。私は、前述した明治大学平和教育登戸研究所資料館の館長をしており、登戸研究所の〈加害〉の記憶、とりわけ「青酸《せいさん》ニトリール」という暗殺用毒物の開発のために、登戸研究所の所員たちが、中国の南京に出かけて数十人の中国人捕虜を使って人体実験（実際にさまざまな毒物を飲ませて殺害し、各種のデータを収集した）を行なったことについて、展示に基づいて来館者に説明することがある。なぜ、登戸研究所の所員たちが、わざわざ南京に出かけてこのようなことを行なったのかと言えば、当時、南京には七三一部隊（関東軍防疫給水部）の姉妹部隊である一六四四部隊（中支那防疫給水部）という生物化学兵器を開発する部隊があり、七三一部隊と同様に組織的な人体実験を行なっていて、中国人捕虜が多数「実験材料」として確保されていたからだ。

資料館の展示では、一九四一年に人体実験を行なった所員の証言が掲げられており、「はじめは嫌であったが、慣れるとひとつの趣味になった」という彼の感想が示されている。私は、案内の時に、この展示に必ず触れ、戦争というものが人間の正常な倫理観・価値観を如何に歪めてしまうか、ということを語ることにしているが、時々、このような忠告をしてくれる日本人来館者がいる。「このような残虐行為の展示をしていると、中国人の見学者が怒って、中国で反日デモを誘発するのではないか。このような展示はしないほうが無難ではないか」と。資料館に勤務する学芸員にも同様の指摘を受けた者がいる。しかし、私は常にこのように答えている。「今まで、中国からのテレビ局を含め多くの中国人が訪れ、この展示について私は説明してきたが、これまで怒った中国人は一人もいない」と。実際にこの通りで、脚色された答えではない。

ここに被害者である中国人と加害者である日本人の歴史認識の大きなギャップが見えてくる。多くの日本人にとっては、〈加害〉の記憶を表面化させることは、被害者を怒らせると思っている。しかし、被害者が怒っているのは、日本人がそのような〈加害〉の記憶を忘れようとしていたり、隠そうとすることに対してであって、多くの中国人は、日本人が〈加害〉行為の記憶をみずから〈発掘〉したり、公開したりすることは実に冷静に受け止め、怒るどころか感心さえしてくれるのである。これは、〈加害〉の記憶を私たちが積極的に〈発掘〉し、継承することによってのみ初めて被害者との対話が成り立つことを示している。その逆に、〈加害〉の記憶を隠蔽《いんぺい》することは、私たち自身の歴史認識を、ひとりよがりの歪んだものにしてしまう行為なのである。

〈加害〉の記憶として、近年、〈発掘〉と継承の必要性が特に求められているのが、植民地・占領地〈戦地〉における支配についての記憶である。これは、当時の多くの日本人が植民地を「支配」した側にいたわけで、引揚時の苦難や〈被害〉は語られることはあっても、自分たちがどのように植民地を「支配」していたかは、ほとんど語られることはない。つまり、こうした場合、〈加害〉の記憶の私的継承はまず困難であるから、〈被害〉を受けた側の証言に耳を傾け、「支配」の記憶を〈発掘〉しなければならない。

戦争時代を知る人でも、「内地〈国内〉にいたから植民地のことは知らない」という人は多い。しかし、日本国内でも植民地支配は、朝鮮半島からやってきた人びとを「半島人」などと呼んで、差別し過酷な労働にあえてつかせていたという事実などを通して、当時の多くの日本人は目撃していたわけだから、見て見ぬふりをしていたのである。

韓国から突きつけられた「徴用工」問題などは、支配した側は忘れても、支配された側は忘れない、ということの典型事例だと言える。日本が朝鮮半島を直接統治したのは、一九一〇年の韓国併合から一九四五年の敗戦までの三五年間であるが、その倍以上の年月がたっても〈被害〉者は忘れず、未だ癒されていないということを私たちは銘記しなければならないだろう。

本章では、戦争の〈表の記憶〉と〈裏の記憶〉をそれぞれどのように継承していくのか、それぞれの記憶を分類した上で、「何を」「どのように」継承していったらよいのか、その場合の留意点についてまとめてきた。

戦争と植民地支配という巨大で、しかも過去に過ぎ去ったことのすべての記憶を復元することは残念ながら不可能である。また、継承のための記憶を再構成するにあたっては、さまざまに衝突しあう記憶群の中から何かを取捨選択しなければならない。さらに、公的な記憶にはおさまりきらなかった〈裏の記憶〉をあらたに組み込むことも必要になってくる。そしてそうした作業を進めるためには、戦争と植民地支配における被害者・犠牲者の思いに、完全に同一化することは極めて困難なことであるにしても、そうした人びとの存在を〈歴史〉の中に、可能な限り「顔」が見える形で書き残していく記憶の継承と歴史叙述の方法を私たちは模索し、つねにその成果の検証を怠ってはならない。

戦後に生まれた私たちにも戦争責任がある。こう言うと「生まれる前のことに責任はない」と反対する人がいるが、そうではない。戦後生まれの私たち戦争非体験世代にこそ〈忘れない責任〉、〈継承する責任〉があるのである。

五　「ヒトからヒトへ」から「モノからヒトへ」
――登戸研究所資料館の試み

ここでは、前項で少し触れた登戸研究所資料館について改めて紹介したい。明治大学生田キャンパス（神奈川県川崎市多摩区）は、旧日本陸軍の登戸研究所の跡地に立地している。明治大学は、二〇一〇年三月に登戸研究所の建物一棟を保存活用して平和教育登戸研究所資料館（以下、資料館と記す）を開設した。大学における平和教育の発信地とするためである。

現代における平和創造の基礎となるのが平和教育であり、平和教育を支える大きな柱の一つが戦争の記憶の継承であろう。本節では、資料館の取り組みから、歴史感覚の再生と戦争の記憶の継承について考えてみたい。

1　登戸研究所とは

一般的に戦争と平和は対極のものと意識されやすい。だが、登戸研究所に即して考えてみると、戦争と平和は対極ではなく、表裏一体の、いつ転換してもおかしくないものであると言わざるを得ない。なぜなら、戦争は平和の中で準備され、情報戦・諜報戦は平和時においても遂行されているからである。

登戸研究所（第九陸軍技術研究所）は、日本陸軍の「秘密戦」のための兵器・資材を開発・製造する機関であった。「秘密戦」とは、諜報（スパイ活動）・防諜（スパイ取締り）・謀略（撹乱工作）・宣伝（プロパガンダ）の四要素から成っている。登戸研究所は、陸軍科学研究所から独立して一九三七（昭和一二）年に実験施設として生田の地に設けられ、一九三九年から総合的な研究・製造機関となった。ここでは、風船爆弾、く号兵器（殺人光線）、暗殺用毒物、動植物を死滅させる生物兵器、スパイ用兵器・資材、経済混乱を起こすための偽札（中国の偽紙幣）、偽造パスポートなどが開発・製造されていた。

戦後、登戸研究所に関する資料はその大部分が焼却され、関係者も口を開こうとはしなかった。研究所で開発した風船爆弾はアメリカに対する無差別攻撃兵器だったし（現にアメリカで民間人に犠牲者が出ている）、暗殺用毒物の開発過程では中国（南京）において中国人捕虜を使って人体実験（毒殺）まで行ない、偽札の大量散布は、明らかな犯罪行為だったからである。しかも、戦後、七三一部隊関係者と同様に、アメリカは登戸研究所関係者を戦犯免責にして身柄を保護する代わりに、研究データを提供させ、さらには登戸関係者の多くを米軍に雇い入れてソ連の偽パスポート作りなどをさせていたのである。

2　平和教育の発信地として

このような加害と暗黒の歴史ではあっても、私たちはそれらを冷静に語り継いでいくために本資料館を作った。それは、人体実験を行なった当事者が、「初めは嫌であったが、慣れると一つの趣味になった」と証言しているように、「戦争に勝つため」という大義名分が与えられ、潤沢な研究費が注ぎ込まれると、人間は正常な価値観・倫理観を失ってしまうことを伝えたかったからである。このようなことは、単に過去の物語ではなく、現在・将来においても起こりうることなのである。

平和教育の発信地となるために、私たちは本資料館学芸員とともに展示を充実させ、毎年の企画展を開催し、生田と駿河台キャンパスでは、「登戸研究所から考える戦争と平和」という全学共通総合講座（どの学部の学生でも受講できる半期科目）を設置するとともに、和泉・生田・中野キャンパスでは、総合講座「明治大学の歴史」の中に「平和教育登戸研究所資料館」を扱う一コマを設けている（偶然ではあるが、中野キャンパスは秘密戦のヒト作りを担当していた陸軍中野学校の跡地である）。また、明治大学では社会人を対象としてリバティーアカデミーという講座を設置しており、そこでも毎年春・秋に数回の登戸研究所に関する連続講座を開催している。

3　戦争の記憶と歴史感覚の希薄化

資料館・博物館は地域に根差した学校教育・生涯教育の一つの拠点となりうるものである。本資料館は、戦争とりわけ〈秘密戦〉という特殊な分野に特化した施設ではあるが、特殊なものから戦争の普遍的な本質を見せようと試みている。〈秘密戦〉を覗くことで、戦争が平時から常に準備されていること、つまり戦争と平和は対極にあるのではなく表裏一体の関係にあり、平和創造の取り組みが低下すると、たちまち反転する関係にあることが見えてくる。また、戦争には一定のルールがあるように見えながら、人体実験のような手段を選ばない残虐行為が行なわれたり、それを遂行する人びとの人間性の喪失、倫理観の崩壊を招いていくことが分かる。

また、風船爆弾の製造が、全国で多くの女学生や女子挺身隊を動員して行なわれたことからも分かるように、〈秘密戦〉といえども一般人と無縁ではなく、否応なくそれに巻き込まれていたのである。こうしたことからも、〈秘密戦〉＝戦争の裏面も語り継ぐ意義がある。

戦争の記憶の継承の中心は、すでに「ヒトからヒトへ」の段階から「モノからヒトへ」の段階にある。戦後八〇年近くが経過し、自分の祖父母も戦争の記憶をもたない、完全な「ポスト体験時代」である若者に対して、資料館・博物館は何ができるのであろうか。

ある出来事から時間が経過すれば、その記憶の風化が進むのは止むを得ない部分もある。体験者が自分の次の非体験世代にある程度のことを伝えたとしても、その非体験世代がさらに次の非体験世代（体験世代と接触を持たない完全非体験者世代）に伝えた頃には記憶の希薄化が進むのは当然のことである。核家族化が進めばこれはさらに顕著である。だが、ここで重要なのは、世代が進むにつれて希薄化するのは知識・記憶だけでなく、歴史感覚（自分が歴史の中で生きているという感覚）の希薄化こそが問われなければならないということである。

4　地域に根差した記憶の継承

自分が歴史の中に生きている、自分と歴史（戦争）が繋がっているという意識は、従来は家族や地域の共同体との繋がりから形成される部分が大きかった。

しかし、地域共同体の解体、さらにその後、核家族化や家族の個人への分散化が進むにつれ、親類・家族史が伝わる条件が希薄になり、歴史の中に自分たちが存在しているという感覚も希薄化した。自分に繋がっている人たちが戦争中に何をしていたのか、戦後どのように生きたのか、知らないままに育った若者が多い。

そのような現代において、自分が住んでいる、学んでいる、関心を持っている地域、そこにかつて戦争があったことを知ることは、そういった地域を媒介にして自分が歴史と繋がっている、歴史の中で自分たちが生きているという感覚を再生するという意味でも大切なことである。

すなわち、「ポスト体験時代」を生きる若い世代にとって、遺跡・遺物・博物館・資料館で歴史（戦争）に接することは、自分と歴史（戦争）が結びつくきっかけになり、現在と未来を作る土台となっている過去＝歴史（戦争）を主体的に把握してみようとする観点を獲得させることにもつながるのである。

戦争の記憶の継承の中心は、すでに「ヒトからヒトへ」の段階から「モノからヒトへ」と移行している。だが、「モノ」の重要さは大前提であるが、「モノ」に基づいて「ヒトからヒトへ」、非体験世代がさらに次の世代へ歴史（戦争）を語り伝えることも記憶の継承にとっては大切な要素である。人が人に向かって直《じか》に語る、臨機応変に見学者の質問に答えるという方法は、戦争遺跡の案内、資料館・博物館における展示説明の効果・印象の強さという点で、時には展示以上の役割を果たす場合もある。どの戦争遺跡・資料館・博物館でもガイドや「語り部」養成の重要性が指摘されている所以《ゆえん》である。

記憶の継承の原点とも言える「ヒトからヒトへ」伝えるという部分をいかに充実させるかは、コロナ禍の中でかえって強く感じた、現代の戦争遺跡や施設の重要な課題の一つである。

注

（1）総務省統計局のデータによれば、二〇一三年一〇月一日現在、敗戦時に一〇歳以上だった、すなわち七八歳以上の人びとを合計すると一一六五・〇万人で、日本の総人口（一億二七二九・八万人）に占める割合は九・一％となり一〇％を切った。【URL】https://www.stat.go.jp/data/jinsui/2013np/pdf/tables.pdf

なお、二〇二一年一〇月一日現在では、敗戦時に一〇歳以上だった、すなわち八六歳以上の人びとを合計すると五四一・三万人で、日本の総人口（一億二五五〇・二万人）に占める割合は四・三一％まで低下している。【URL】https://www.stat.go.jp/data/jinsui/2021np/pdf/2021tables.pdf

（2）戦争の記憶の継承の段階性については、山田朗『兵士たちの戦場：体験と記憶の歴史化』（岩波書店、二〇一五年）を参照のこと。

（3）吉田裕『兵士たちの戦後史』（岩波書店、二〇一一年）は、戦後における「戦友会」の諸相について詳しい。

（4）山田朗『戦争の日本史20　世界史の中の日露戦争』（吉川弘文館、二〇〇九年）二七三〜二七五頁。

（5）〈軍神〉の虚構性については、同前、三〇七〜三〇八頁および保坂廣志『戦争動員とジャーナリズム：軍神の誕生』（ひるぎ社、一九九一年）を参照のこと。

（6）行軍と「現地調達」については、山田朗「兵士たちの日中戦争」、『岩波講座　アジア・太平洋戦争』第五巻〈戦場の諸相〉（岩波書店、二〇〇六年）三三〜五八頁を参照のこと。

（7）藤原彰『餓死した英霊たち』（青木書店、二〇〇一年）における餓死者の推計。一三四〜一三八頁。

（8）一條三子『学童集団疎開――受入れ地域から考える』（岩波書店、二〇一七年）を参照のこと。

（9）伴繁雄『陸軍登戸研究所の真実』（芙蓉書房出版、二〇〇一年）一五頁。

（10）登戸研究所について詳しくは、前掲『陸軍登戸研究所の真実』や渡辺賢二『陸軍登戸研究所と謀略戦――科学者たちの戦争』（吉川弘文館、二〇一二年）を参照のこと。

（11）高校生たちの登戸研究所調査活動については、長野・赤穂高校平和ゼミナール、神奈川・法政二高平和研究会『高校生が追う陸軍登戸研究所』（教育史料出版会、一九九一年）に詳しい。

第八章　歴史から何を汲み取るか

――司馬遼太郎の場合――

「司馬史観」という言い方がされるようになったのはいつ頃だろうか。この言い方を広めたのは、おそらく「司馬史観」を都合よく利用した人たちだろう。

一九九五年に「自由主義史観研究会」を、一九九七年に「新しい歴史教科書をつくる会」を立ち上げた藤岡信勝《のぶかつ》氏は、従来の歴史教育を「東京裁判史観」「自虐史観」にもとづく「反日歴史教育」であると全面的に排除して、「日本人であることに誇りを持てるような教育を」と主張した。そして当初、藤岡氏らは、新しい歴史教育の基礎となるのは、「東京裁判史観」でもなく「大東亜戦争肯定史観」でもない「第三の道」である「自由主義史観」である、と主張していた。[1] また、その「自由主義史観」とは、「司馬史観」と同義であると、くり返し力説していたのである。[2] 彼らは、「自由主義史観」と「つくる会」の認知度を高めるために、「司馬史観」を大いに利用した。

だが、彼らの運動が次第にすそ野を広げて政治運動化していくにつれ、右派論客の影響を受け、その主張は大きく右旋回していく。その変化は、当時、「つくる会」の広告塔の役割を果たしていた小林よしのり『戦争論』（幻冬舎、一九九八年）の突出によって明確になった。当時、「つくる会」に「理事待遇」で参加していた漫画家・小林よしのり氏は、『戦争論』のなかで「大東亜戦争」肯定＝アジア解放戦争論を全面的に主張するとともに、昭和の戦争を無謀で侵略であるとみなす「司馬史観」を批判し始めた。

この傾向は、西尾幹二《かんじ》『国民の歴史』（扶桑社、一九九九年）でさらに強まった。同書は、小林『戦争論』と同じように、「司馬史観」のことを、明治の歴史を「成功の歴史」、昭和の歴史を「失敗の歴史」と描く「便利すぎる歴史観[3]」として正面から否定した。この段階で「自由主義史観」は、完全に「司馬史観」と決別し、元来否定の対象であった「大東亜戦争肯定史観」に取り込まれたと言える。

つまり、「つくる会」に集った人びとは、「司馬史観」を利用するだけ利用して勢力を拡大し、自分たちの運動が社会的に影響力を持ち始めると、「司馬史観」をさっさと捨て去ったのである。

一　司馬遼太郎が本当に言いたかったこと

「司馬史観」は、小林よしのり氏や西尾幹二氏がまとめたような、明治の歴史を「成功の歴史」、昭和の歴史を「失敗の歴史」と描く「便利すぎる歴史観」であったのだろうか、司馬遼太郎はそのようなことを言いたかったのであろうか。

司馬は、『坂の上の雲』の連載を終えた後、一九七二年八月に次のように記している。

日本人が幕末から維新という、はじめて国際環境に参加したときの反応は、社会全体が一個の精神病にかかったような状態だった。攘夷論的ヒステリーも開国論的臆病意識も、夜郎自大《やろうじだい》的な徳川社会人が、にわかに国際環境を知ることによって日本の意外な脾弱《ひじゃく》さを知らされたための病的現象であったとみたほうがいいかもしれない。その脾弱感という国家をあげての病的意識からのがれるための唯一の道が「富国強兵」というものだった。国是というよりも多分に国家をあげての信仰というべきものだった。

その信仰が、維新後三十余年で、当時世界最大の軍事国家のひとつであるロシアと戦い、勝ち、勝つことによって信仰のあかしを得た。帝政ロシアの極東侵略に対し日本がそれを戦争のかたちではねかえすことができた最大の理由をあげよというならば、日本政府も国民も、幕末以来つづいてきた日本の脾弱感をもっていたがためであり、このため弱者の外交という、外交としてはもっとも知恵ぶかいものをやり、他の列強の同情を得べく奔走し、同情と援助を得ることに成功した。要するに脾弱感が勝利の最大の原因であった。

ただし、勝ったあと日本がいかにばかばかしい自国観をもつようになったかは、すでに知られているところである。脾弱感の裏返しは、現実的事実認識をともなわない強国意識であった。やはり国家的な病気がつづいていた。(4)

ここでキーワードになっている「脾弱」は、なんとなくわかるが、『広辞苑』にも載っていない言葉で、諸橋轍次《もろはしてつじ》『大漢和辞典』には「かよわい。もろく弱い」とある。明治維新以来の日本の急速な「発展」は、当時の政府・国民が「日本は弱小で危うい」という意識を持っていたがゆえのものだったと司馬は言う。欧米諸国に追いつこうという過程では、政府も国民も自らを正確に捉えていたが、「追いついた」と思った時から「ばかばかしい自国観」、「現実的事実認識をともなわない強国意識」に取り憑《つ》かれたというのだ。司馬は、「成功の歴史」と「失敗の歴史」を二分して描こうとしたのではなく、「成功」と「失敗」が表裏一体のもので、「成功」の要因がたちまちのうちに「失敗」の要因に転化してしまうことを言いたかったのではあるまいか。

司馬が『坂の上の雲』の新聞連載を始めた一九六八年、日本は西ドイツを抜いてＧＮＰで資本主義世界第二位の位置につけた。明治維新から日露戦争までの三十数年、日露戦争から太平洋戦争敗戦までの三十数年、そして敗戦から二十数年を経て、当時の日本には、再び「追いついた」「追い越した」という意識が社会に横溢《おういつ》していた。明治時代の日露戦争、戦後の「高度経済成長」、共に大きな「成功」を達成したと思った途端に、「成功」の再現を追い求めるあまり、「失敗」への道を突き進んでしまう。司馬にはそういった警鐘を鳴らそうという意識があったのかもしれない。奇しくも司馬が前掲の文章を書いた翌年、日本はオイルショックに見舞われる。

二　歴史を批判的に見ることの重要性

司馬遼太郎は、『坂の上の雲』で日露戦争というものの虚像を剥ぎ取った。戦前以来の日露戦争の「神話」のいくつかを破壊することで新しい日露戦争のイメージを作り上げたと言ってよい。司馬によって、旅順攻略戦を指揮した乃木希典《まれすけ》と第三軍司令部がいかに無能であったかが暴露され、「乃木神話」は崩壊した。司馬は歴史を批判的に見ることの重要性を示したと言える。

だが、司馬は確かに戦前以来の日本軍と文部省が公認してきた「神話」を破壊したものの、新たな「神話」を作ってしまった感がある。満州軍総参謀長・児玉源太郎と連合艦隊参謀・秋山真之《さねゆき》の天才的な働きがその代表例である。旅順要塞を乃木が攻めあぐんだのは、大本営がバルチック艦隊の来航を恐れるあまり、乃木と第三軍に要塞攻略の十分な手立てを与えないままで、ただひたすら攻略を急がせたからである。司馬がクローズアップした児玉による二八センチ榴弾砲の投入も実は決定打ではなく、要塞攻略の決め手は、長い時間をかけての坑道の掘削と地下からの要塞爆破であった。(5)また、東郷平八郎・秋山真之が指揮する連合艦隊の戦争前半期の作戦は、「旅順閉塞戦」をはじめ失敗に次ぐ失敗であったし、日本海軍が初めてロシア海軍の主力艦クラスを丁字《ていじ》戦法を駆使した砲撃戦によって撃沈した、まさにその決定的な場面である蔚山《ウルサン》沖海戦には東郷も秋山もいなかったのである。上村《かみむら》彦之丞《ひこのじょう》が指揮する第二艦隊によるウラジオ艦隊の撃破こそ、日本海海戦の圧勝につながる決定的な経験であった。(6)

国家であれ個人であれ、「成功体験」に長く拘束される。むしろ、そこから脱出することこそ難しい。日本陸軍は、日露戦争でどうしても成功しなかった包囲殲滅《せんめつ》戦を完成させることを長く夢見ていたし、日本海軍は「日本海海戦」を再現することが理想的な戦いであると強く思い込んでいた。戦後の「高度経済成長」は日本を経済大国にしたものとして、オイルショック後も社会資本の大規模な建設を呼び水とした景気浮揚策が取られ続けてきたが、国債発行残高を際限もなく膨張させたにもかかわらず、その手法は今日までなお続けられている。「成功体験」からの脱出は、その「成功」がいかなる歴史的条件のもとで実現したかを歴史そのものの批判的検証から導き出されなければならない。司馬遼太郎がたどり着いたように、「成功」がいつの間にか大きな「失敗」の源になるということに注意を払って歴史を見ることが大切だろう。

三　失敗の隠蔽・改竄がもたらす悲劇

日露戦争は実際には「失敗」の連続であった。戦争前半における海軍は、旅順港の閉塞に失敗しただけでなく、それにこだわってロシア軍の仕掛けた機雷で戦艦「初瀬《はつせ》」「八島《やしま》」を失った。陸軍は、当初より深刻な銃砲弾不足に悩まされ、ドイツから学んだ「火力主義」（突撃の前に火力で相手を制圧する）を貫徹できず、フランス流白兵主義を採用していたロシア軍に対抗すべく、自らも「白兵主義」に転換してしまった。日露戦後、「歩兵操典」が改正され、ドイツ流火力主義は捨て去られ、白兵主義が「日本式兵学」として定式化された。火力主義が貫徹できなかったのは、銃砲弾消費量の見積りの誤り、銃砲弾国内生産量の増強を怠ったがゆえの「失敗」の産物なのであるが、「失敗」は隠《いん》蔽《ぺい》・改竄《かいざん》され、逆に「これこそが日本軍の戦い方」であると称揚されたのである。日露戦後、歩兵を主兵とする「白兵主義」は日本陸軍の基本理念となり、アジア太平洋戦争期においてもそれは変わらなかった。火砲や戦車も、主兵たる歩兵を支援することを任務とし、軽量で機動性があることが何よりも大切なこととされた。

本土決戦に備えて訓練を受けていた戦車兵であった司馬遼太郎によれば、当時の日本軍の主力戦車であった九七式戦車（一九三七年〈神武天皇即位を元年とする皇紀では二五九七年〉に制式《せいしき》採用された戦車）＝「チハ車」は、装甲板＝鋼板が薄いので防御力が弱く、貫徹力の小さな大砲（短砲身の榴弾砲）しか搭載していなかったために、同時代のどの国の戦車と戦っても必ず負けたという。なぜ、そのような「必ず負ける」信じられない兵器を造ったのか。司馬は、自らが戦後、参謀を経験したことがあるという「兵科の少佐」から聞いた話として、

参謀本部の思想は、

「戦車であればいいじゃないか。防御鋼板の薄さは大和魂でおぎなう。それに薄ければ機動力もある（厚くて機動力をもつのが戦車の原則）。砲の力がよわいというが、敵の歩兵や砲兵に対しては有効ではないか[7]」

というエピソードを紹介している。「失敗」を隠蔽し、火力よりも白兵力を過信した陸軍が生み出した九七式戦車＝「チハ車」は、同時代の米軍・ソ連軍の主力戦車と大戦末期に渡り合うことになるが、たとえ「チハ車」の主砲弾が相手に命中しても装甲を貫徹できず、逆に相手の主砲弾が当たればあっけなく破壊されたのである。長年にわたる厳しい訓練を経て養成された精兵も、自殺的な戦いで戦車と運命を共にした。戦車の悲劇は、日露戦争における「失敗」を隠蔽し、それを逆に「成功」だったと思い込んだことによって生み出されたものであったと言える。

四　加害体験はなかなか伝えられない

司馬遼太郎が到達したように、「成功」と「失敗」は表裏一体であり、「成功要因」を追求していくうちにそのこと自体が「失敗要因」になっていってしまうということは、多くの場合、結果が出てからわかることである。だが、歴史から学ぶということは、たとえ結果が出る前であっても「失敗」への転化を未然に防ぐために洞察するということだろう。現代の日本人にとって、最も伝えられていない体験は、加害体験であり、とりわけ植民地や占領地における加害体験である。司馬は、『この国のかたち　四』において「〝大東亜共栄圏〟などとは、むろん美名です」とした上で、このようなことを語っている。

あの戦争は、多くの他民族に禍害《かがい》を与えました。〔中略〕侵略戦争でした。〔中略〕真に植民地を解放するという聖者のような思想から出たものなら、まず朝鮮・台湾を解放していなければならないのです。(8)

おそらく、こうした戦争や植民地支配の捉え方が、小林よしのり氏や西尾幹二氏などに忌避《きひ》されたのであろう。しかし、近代日本の歴史を検証する際に、「植民地支配と侵略」（一九九五年の「村山談話」のキーワード）を直視することは不可避の課題である。これはまさに「加害」の記憶をどう継承するかという問題である。

戦争の記憶の継承において、最も困難と苦痛を伴うのが、「加害」の記憶の継承である。戦争においては「加害」と「被害」の両面があり、特に満州事変以降の日本の戦争には、さまざまな「加害」の側面が伴ったことは確かである。これは、今日、私たちが冷静に直視しなければならないことである。

例えば、戦地における残虐行為（虐殺・略奪・性暴力）は、まさに親が子に語れない記憶の典型とも言える。「南京大虐殺」や「三光作戦」、戦時性暴力としての「慰安婦」の問題、中国大陸における毒ガス・細菌兵器の使用、重慶などへの戦略爆撃の事例などは、記憶の継承どころか、そういった記憶を抹消しようという歴史修正主義的なベクトルが常にはたらいている。したがって、そうした流れに押されてそのまま放置すれば、記憶を語る人も継承する人もいなくなり、記憶は強引に歪曲され、「加害」の事実が歴史から消されてしまうことになる。

このような「加害」について語ると必ず、それは「自虐的だ」とする言説が現れるが、過去の歴史を直視し、反省することと「自虐」とは根本的に違う。「自虐」は何も生み出さないが、直視と反省は、新しい未来を生み出す力を持っているからである。

五　負の遺産を現代にどう生かすか

司馬遼太郎は、自らの戦争体験と歴史に対する洞察をふまえ、このように記している。

国家に責任をもっている専門家とか、その専門家を信用する世間の常識というものほどあやうくもろいものはないということを、大日本帝国というのは国家と国民を噴火口にたたきおとすことによって体験した。日本の歴史のなかで、昭和初期の権力参加者や国民ほど愚劣なものはなかった。江戸文明は成熟した政治家や国民を生んだが、大正末期から昭和初期にかけて出現する高級軍人や高級官僚は飛躍的にひらけた国際社会のなかにあった日本の把握や認識がまるで出来ず、幼児のようであった。歴史のふしぎである。(9)

近代日本の戦争の歴史は、私たちに多くの「負の遺産」を残した。現代において司馬が指摘したような「負の遺産」を私たちはどのように生かすのか。戦後八〇年近くを経て言えることは少なくとも三つはあるだろう。

第一に、昭和の戦争は明治以来の対外膨張・「脱亜入欧」戦略の帰結であり、現実には当時の政府や国民が日本は「脾弱」であると意識していた時期から、アジア諸国・諸民族を日本よりも下位のものとみなす観念が社会に浸潤《しんじゅん》していたということだ。そして、この「脱亜入欧」という価値観と欧米列強との軍事同盟路線は、日本を一旦は大きな「失敗」に追い込んだが、それは何ら反省・克服されず、「明治一五〇年」以上を経た今も日本の「大勢」であり続けているということだ。

第二に、「成功」事例を再現しようという「失敗」への傾斜の度合いが強まった時、国家指導者・官僚層（戦前の場合、軍人を含む）がとった方策は、問題の抜本的解決への模索ではなく、基本的に問題の「先送り」であったということだ。国家体制の硬直化が極度に進むとそうなってしまう。どのような悲惨な敗戦が続いても、希望なき戦争を惰性で続けてしまったし、破滅的に膨れ上がった赤字国債の累積も、誰も責任を負わないままに放置され続けている。

第三に、「成功」と「失敗」が「戦前」と一括りにされているように、「戦後」と一括りで把握されている時代も「成功」の時期ははるか彼方にすぎ、巨大な「失敗」への傾斜が増しているということだ。

私たちは、これら三つの事柄を直視し、歴史からどのような知恵を引き出すのか、あるいはこれらを直視せず、歴史から何の知恵も汲み出さないのか。人間は歴史から学ぶという英知を持つ反面、常に歴史的教訓を忘却するという弱点を持っている。

私は、無条件で司馬遼太郎の歴史叙述を肯定するものではないが⑽、歴史を土台にして人間のあり方、哲学を再構築しようという点で、司馬の仕事の到達点は再評価されて然るべきだと思う。

注

（1）藤岡信勝『「近現代史」の授業改革双書第一集　近現代史の授業改革：善玉・悪玉史観を超えて』（明治図書出版、一九九六年三月）一六〇頁。
（2）同前、一一〇～一一一頁。
（3）西尾幹二『国民の歴史』（産経新聞ニュースサービス発行、扶桑社発売、一九九九年）六一一～六一五頁。
（4）司馬遼太郎「『坂の上の雲』を書き終えて」、『歴史の中の日本』（中公文庫、一九七六年）一〇四～一〇五頁。
（5）山田朗『戦争の日本史20　世界史の中の日露戦争』（吉川弘文館、二〇〇九年）一四七頁。
（6）山田朗『これだけは知っておきたい　日露戦争の真実：日本陸海軍の〈成功〉と〈失敗〉』（高文研、二〇一〇年）一六五頁。
（7）司馬遼太郎「戦車・この憂鬱な乗物」、『歴史と視点――私の雑記帖――』（新潮文庫、一九八〇年）四一頁。
（8）司馬遼太郎「日本人の二十世紀」『この国のかたち　四』（文春文庫、一九九七年）二三五、二四〇～二四一頁。
（9）前掲『歴史と視点――私の雑記帖――』三七頁。
（10）私の「司馬史観」に対する批判については、拙著『歴史修正主義の克服：ゆがめられた〈戦争論〉を問う』（高文研、二〇〇一年）と前掲『これだけは知っておきたい 日露戦争の真実』を参照されたい。

あとがき

私の日本近現代史研究は、軍事史・天皇制論・歴史認識論の三つの柱から成り立っている。本書第一部《『拝謁記』から見る昭和天皇の戦争認識》と第二部《支配システムとしての近現代天皇制》は、そのうちの天皇制論を構成するものであり、第三部《歴史から何を汲み取るか》は、『日本は過去とどう向き合ってきたか』（高文研、二〇一三年）などで、私がこれまで検討してきた歴史認識論の中に位置づけられるものである。

天皇制論という点で言えば、本書は私が昭和天皇について書いた単行本としては、①『昭和天皇の戦争指導』（昭和出版、一九九〇年）、②『大元帥・昭和天皇』（新日本出版社、一九九四年。ちくま学芸文庫、二〇二〇年）、③『昭和天皇の軍事思想と戦略』（校倉書房、二〇〇二年）、④『昭和天皇の戦争―「昭和天皇実録」に残されたこと・消されたこと―』（岩波書店、二〇一七年）、⑤『日本の戦争Ⅲ：天皇と戦争責任』（新日本出版社、二〇一九年）につづく、六冊目のものである。

これらの本の中で私は、戦争中の大元帥としての昭和天皇の戦争指導・作戦指導の実態について少しでも具体的に明らかにすることを目指し、天皇の戦争関与とその責任について論じてきた。それは、「天皇の軍隊」とされた日本軍が主体的に遂行した対外戦争と植民地・占領地支配を論じる際に、天皇の存在を抜きにしては、語れない部分があると考えたからだ。日本国家の戦争遂行の実態と責任を検証する際に、天皇を除外してしまっては、大きな欠落点が生じてしまう。それは、実態解明と戦争責任検証を不完全なものにしてしまうという問題意識から発したものである。また、昭和天皇＝「平和主義者」というイメージが、戦後、繰り返し再生されて来ており、天皇にとっての「平和主義」「平和愛好」の中身はいかなるものであったのかを明らかにするということも、これらの本で目指してきたことである。自ら「平和愛好」と言っているから昭和天皇は「平和主義者」だ、と規定するというのは、あまりにも客観性を欠いた議論であるからだ。

今回、本書第一部において、昭和天皇自身が「昭和の戦争」と戦争の時代の日本国家についてどのように認識していたのかを、主として『拝謁記』の分析を通じて明らかにしようと試みた。『拝謁記』に記された天皇の言葉は、かなり率直なものもあり、天皇のアジア観やドイツ観、アメリカ合衆国観など、これまでの私の研究でもつかみえなかった部分を明らかにした部分も少なくない。

だが、『拝謁記』に記された天皇の戦争認識は、あくまでも戦後、数年経過した時点での天皇の戦争と時代に対する解釈（思い）であって、戦争が行なわれていたリアルタイムで天皇がどのような認識を持っていたのかについては、それはさらなる検証が必要である。また、天皇は、一九五〇年代初頭の激動する時代状況と戦前との類似性について、かなり無理やりに結びつけているところもあり、天皇自身、かつての軍部の「下克上」や暴走を、誰にも止められなかった、やむをえなかったものと、思い込もうとしているふしがある。戦争の時代の天皇自身の役割について、何もできなかった存在として、時代の激流の被害者であるかのように語っている傾向も明らかである。

また、『拝謁記』を分析してみてわかることは、天皇は抑制的であるように見える反面、特に人物に対する評価は、三人の直宮たちへの言動に代表されるように、強い先入観にとらわれており、一度、評価が固まると容易に変更されない面がある。また、一度、こだわり始めると、同じことを執拗に繰り返し発言したりするところがあり、これらの人間性の分析を含めて、今後、さらに検証していく必要があろう。

本書の企画・編集・執筆にあたっては、新日本出版社の田所稔氏に多くのアドバイスをいただくとともに、引用資料の照合や出典の確認などについて、大いにお力添えをいただいた。紙媒体の出版事情がますます厳しさを加える状況下で、このような本を出させていただいたことに末筆ながら深く御礼申し上げたい。

山田　朗

初出一覧

序章　日本の戦争をどう捉え、伝えるか―アジア太平洋戦争の開戦原因と戦争責任
「アジア太平洋戦争の開戦原因と戦争責任」
『歴史地理教育』第九三三号（二〇二一年一二月号）

第一部　『拝謁記』から見る昭和天皇の戦争認識

第一章　昭和天皇の戦争認識（Ⅰ）
「昭和天皇の戦争認識：『昭和天皇拝謁記』（1949—1950）の検証」
『前衛』第一〇一三号（二〇二二年五月号）

第二章　昭和天皇の戦争認識（Ⅱ）
「昭和天皇の戦争認識（Ⅱ）：『昭和天皇拝謁記』（1951—1952）の検証」
『前衛』第一〇二一号（二〇二二年一二月号）

第三章　昭和天皇の戦争認識（Ⅲ）
「昭和天皇の戦争認識（Ⅲ）：『昭和天皇拝謁記』（1952—1953）の検証」
『前衛』第一〇二七号（二〇二三年六月号）

第四章　昭和天皇の戦争認識（Ⅳ）

初出一覧

書き下ろし

第二部　支配システムとしての近現代天皇制

第五章　近代天皇制による戦争と抑圧

「近代天皇制による戦争と抑圧」

山田朗・師井勇一編『平和創造学への道案内―歴史と現場から未来を拓く―』

（法律文化社、二〇二一年）所収

第六章　象徴天皇制における「心の支配」

「象徴天皇制における〈心の支配〉」

『歴史地理教育』第九〇三号（二〇一九年一二月号）

第三部　歴史から何を汲み取るか

第七章　戦争の記憶をどのように継承するか――〈表の記憶〉と〈裏の記憶〉

一～四

「〈表の記憶〉と〈裏の記憶〉：戦争の記憶をどのように継承するか」

『前衛』第九九二号（二〇二〇年九月号）

五

「平和創造のための戦争の記憶の継承」

『大学時報』第四〇七号（二〇二二年一一月号）

第八章　歴史から何を汲み取るか——司馬遼太郎の場合

「歴史から何を汲み取るか——『司馬史観』の再検討——」

『kotoba』第四二号（二〇二一年冬号、集英社）

山田 朗（やまだ あきら）
1956年、大阪府生まれ。
明治大学文学部教授、歴史教育者協議会委員長。
主な著書
『昭和天皇の戦争指導』（昭和出版、1990年）『大元帥・昭和天皇』（新日本出版社、1994年）『軍備拡張の近代史 』（吉川弘文館、1997年）『外交資料 近代日本の膨張と侵略』（編、新日本出版社、1997年）『昭和天皇の軍事思想と戦略』（校倉書房、2002年）『大本営陸軍部上奏関係資料』（共編、現代史料出版、2005年）『歴史教育と歴史研究をつなぐ』（編、岩波書店、2007年）『歴史認識問題の原点・東京裁判』（編著、学習の友社、2008年）『世界史の中の日露戦争』（吉川弘文館、2009年）『これだけは知っておきたい日露戦争の真実』（高文研、2010年）『陸軍登戸研究所〈秘密戦〉の世界』（編、明治大学出版会、2012年）『日本は過去とどう向き合ってきたか』（高文研、2013年）『兵士たちの戦場』（岩波書店、2015年）『近代日本軍事力の研究』（校倉書房、2015年）『昭和天皇の戦争』（岩波書店、2017年）『日本の戦争：歴史認識と戦争責任』（2017年）『日本の戦争Ⅱ：暴走の本質』（2018年）『日本の戦争Ⅲ：天皇と戦争責任』（2019年）『日本近現代史を読む 増補改訂版』（共著、2019年）『帝銀事件と日本の秘密戦』（2020年）〔いずれも新日本出版社〕など多数。

昭和《しょうわ》天皇《てんのう》の戦争認識《せんそうにんしき》：『拝謁記《はいえつき》』を中心《ちゅうしん》に

2023年7月7日 初 版
2024年11月10日 第2刷

著　者　山田　朗
発行者　角田真己

郵便番号 151-0051 東京都渋谷区千駄ヶ谷4-25-6
発行所 株式会社 新日本出版社
電話 03（3423）8402（営業）
03（3423）9323（編集）
info@shinnihon-net.co.jp
www.shinnihon-net.co.jp
振替番号 00130-0-13681

印刷・製本 光陽メディア

落丁・乱丁がありましたらおとりかえいたします。

ISBN978-4-406-06756-0 C0021 Printed in Japan